Impressum
Verlag: BABADADA GmbH, Nedderfeld 112 , 22529 Hamburg
Geschäftsführer / Verlagsleitung: Harald Hof
Druck: Books on Demand GmbH, In de Tarpen 42, 22848 Norderstedt

Imprint
Publisher: BABADADA GmbH, Nedderfeld 112 , 22529 Hamburg, Germany
Managing Director / Publishing direction: Harald Hof
Print: Books on Demand GmbH, In de Tarpen 42, 22848 Norderstedt

sală de clasă
adesua dan mu

a împărți
kyɛmu

186/2

tablă
bɔɔdo

curte a școlii
sukuu asaase

profesor
ɔkyerɛkyerɛni

hârtie
krataa

a scrie
twerɛ

instrument de scris
twerɛdua

masă de birou
pɔnɔ

riglă
susudua

carte
nwoma

elev
sukuuni

ghiozdan

baage

penar

adeɛ wɔde twerɛdua hyɛ mu

creion

twerɛdua

ascuțitoare

adea wɔde sensene
twerɛdua ano

radieră

rɔba

bloc de desen

drɔɔwin nkrataa

desen

drɔɔwin

pensulă

adeɛ a wɔde bɔ akaadoo
mu

cutie de acuarele

akaadoo adaka

foarfece

apasoɔ

lipici

aduro a wɔde sɔ nnɔɔma bɔ
mu

caiet de exerciţii

krataa wɔyɛ dwumadie wɔ
mu

temă

efie adwuma

număr

nɔma

a aduna

ka bom

a scădea

te frim

a multiplica

fabaho

a calcula

bo ho nkonta

literă

atwerɛdeɛ

alfabet

atwerɛdeɛ

cuvânt

asɛm

text

atwerɛ

a citi

kan

cretă

chalk

oră

adesua

catalog

krataa a din ahodoɔ wɔ mu

examen

nsɔhwɛ

certificat

nimdeɛ krataa

uniformă școlară

sukuu ataadeɛ

educație

adesua

enciclopedie

encyclopedia

universitate

suapon kɛseɛ

microscop

afidie a wɔde hwɛ adeɛ
aniwa ntumi nhunu

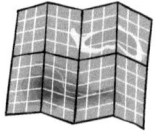

hartă

asaase mfonin a ɛwɔ krataa
so

coș de gunoi

kɛntɛn a wɔde krataa na ayɛ
a wɔde nwura gu mu

călătorie
akwantuo

hotel
ahomegyebea
hostel
atenaeɛ
ROOMS
€CHANGE
casă de schimb valutar
baabi aa yɛsesa
valiză
baage a wɔde nnoɔma gu mu
autovehicul
kaa

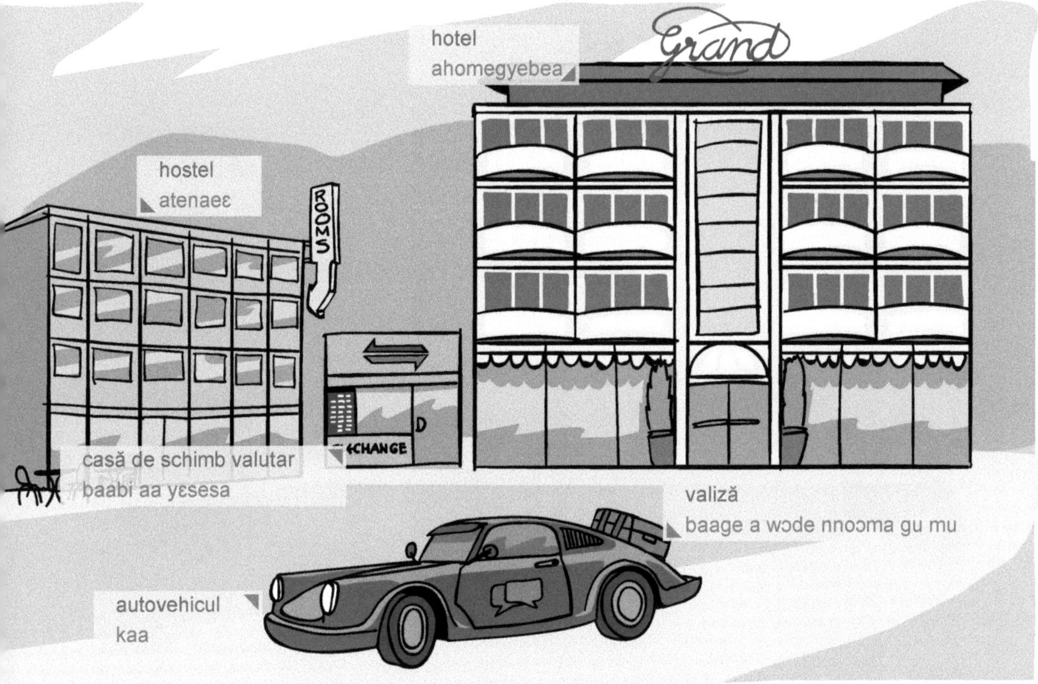

limbă

kasa

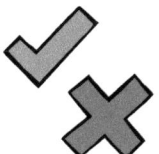

da/nu

aane / daabi

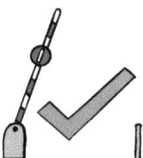

okay

Yoo

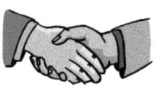

Bună!

hɛlo

interpret

deɛ wɔkyerɛkyerɛ kasa ase

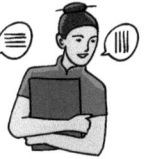

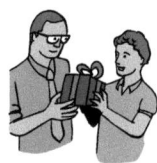

mulțumesc

Medaase

Cât costă...?

... ɛyɛ sɛn?

Nu înțeleg

Menteaseɛ

problemă

ɔhaw

Bună seara!

Maadwo!

Bună dimineața!

Maakye!

Noapte bună!

Da yie!

la revedere

nante yie

direcție

akwankyerɛ

bagaj

nnɔɔma a wɔde tu kwan

geantă

kotokuo

rucsac

baage a yɛde bɔ yakyi

oaspete

ɔhɔhoɔ

cameră

danmu

sac de dormit

bag a yɛda mu

cort

ntomadan

punct de informare turistică

adesrafɔɔ nsɛm

plajă

po ano

carte de credit

krɛdit kaade

mic dejun

anopa aduane

masa de prânz

awia aduane

cină

anwumerɛ aduane

bilet de călătorie

tikiti

lift

pagya

timbru poştal

agyinahyɛdeɛ

graniţă

ɛhyeɛ

vamă

adwumayɛfoɔ a wɔgyina
aman mmienu hyeɛ so

ambasadă

ɔman bi asoeɛ

viză

akwantuo krataa

paşaport

akwantuo krataa

transport

ɛhyɛn

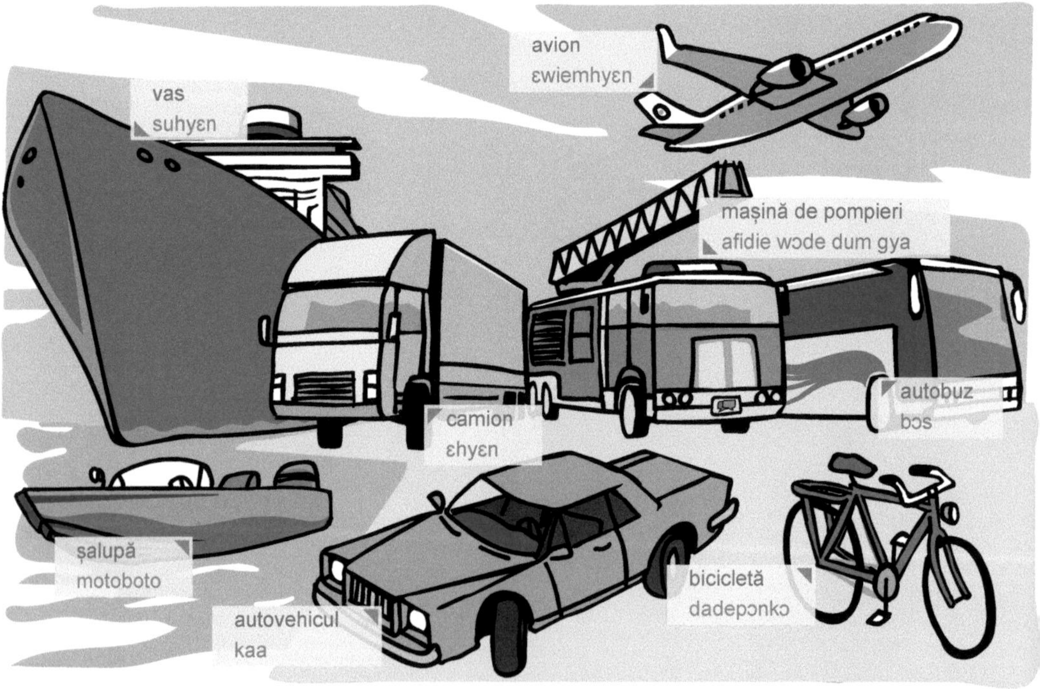

avion
ɛwiemhyɛn
vas
suhyɛn
mașină de pompieri
afidie wɔde dum gya
camion
ɛhyɛn
autobuz
bɔs
șalupă
motoboto
bicicletă
dadepɔnkɔ
autovehicul
kaa

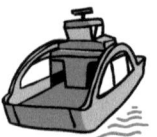

feribot

subonto

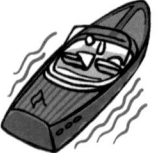

barcă

suhyɛn

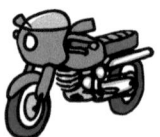

motocicletă

dadepɔnkɔ

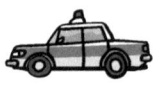

mașină de poliție

apolisifoɔ kaa

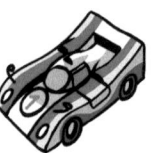

mașină de curse

kaa a wɔde si akan

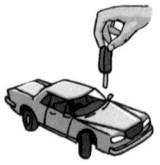

mașină închiriată

hyɛn aa yɛ hain

car sharing

kaa a wɔde ma obi de di dwuma

mașină de tractat

kaa a wɔde twe ɛhyɛn a asɛe

mașină de gunoi

bɔɔla kaa

motor

moto

combustibil

ngo

benzinărie

beaɛ a wɔtɔn pɛtro

semn de circulație

trafik ahyɛnsodeɛ

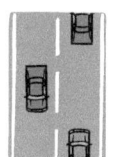

trafic

trafik

ambuteiaj

ɛhyɛn ntumi nkɔ ntɛm

parcare

kaa gyinabea

gară

keteke steshin

șine

ketekye kwan

tren

ketekye

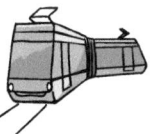

tramvai

ketekye

vagon

afidie a wɔtena mu wɔ wiem tu kwan

elicopter

ewiemhyɛn

aeroport

dadeɛanoma gyinabea

turn

dan tentene

pasager

obi a wɔforo hyɛn

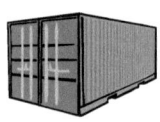

container

adaka

carton

adaka

căruță

teaseɛnam

coș

kɛntɛn

a decola/a ateriza

tu / si fam

oraș

kuropɔn

sat

akurase

centru

kuropɔn hyiabea

casă

efie

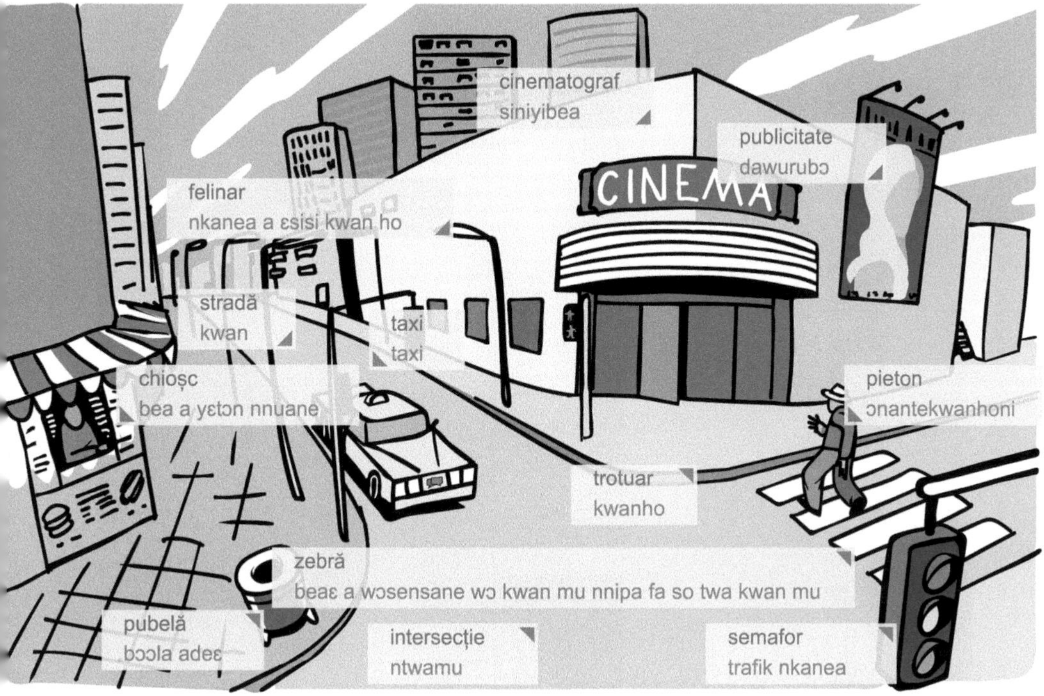

cinematograf
siniyibea
CINEMA
publicitate
dawurubɔ
felinar
nkanea a ɛsisi kwan ho
stradă
kwan
taxi
taxi
chioșc
bea a yɛtɔn nnuane
pieton
ɔnantekwanhoni
trotuar
kwanho
zebră
beaɛ a wɔsensane wɔ kwan mu nnipa fa so twa kwan mu
pubelă
bɔɔla adeɛ
intersecție
ntwamu
semafor
trafik nkanea

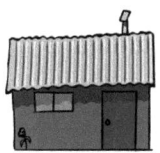

cabană

ntaabodan

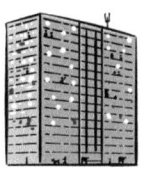

apartament

tenabea

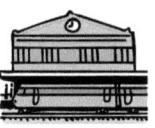

gară

keteke steshin

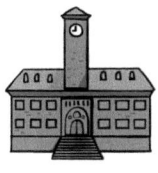

primărie

kurom nhyiadanmu

MUSEUM

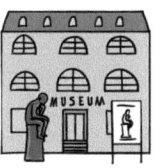

muzeu

mesiɔm

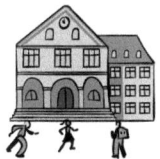

școală

sukuu

universitate

suapon kɛseɛ

bancă

sikakorabea

spital

asopiti

hotel

ahomegyebea

farmacie

beaɛ a wɔtɔn nnuro

birou

ɔfise

librărie

beaɛ a wɔtɔn nwoma

magazin

beaɛ a wɔtɔn adeɛ

florărie

nhwiren kuani

supermarket

dwakɛseɛmu

piață

dwamu

magazin universal

asoeɛ sotɔɔ

comerciant de pește

nnam tɔnfo

centru comercial

adetɔ beae

port

suhyɛn gyinabea

parc

agodibea

bancă

akonnwa

pod

nsamsɔɔ

trepte

adeɛ wɔee foro aborosan

metrou

asaasease

tunel

tɔkuro a w'atu no asaase
mu de ayɛ kwan

stație de autobuz

ɛhyɛn gyinabea

bar

nsanombea

restaurant

adidibea

cutie poștală

krataa adaka

tăbliță indicatoare cu
numele străzii

kwan ahyɛnsodeɛ

parcometru

kaagyinaho meta

grădină zoologică

mmoakurabea

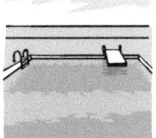

piscină

nsuo a wɔdware mu

moschee

masalakyi

gospodărie țărănească

afuo

poluare

ewiem sɛɛɛ

cimitir

nsamanpɔ mu

biserică

asore

loc de joacă

agodibea

templu

hyiadan

peisaj
asaase

frunză
ahaban

indicator
akyerɛkyerɛkwan

drum
kwan

pajiște
sare asaase

piatră
boba

drumeț
pipo so foronii

copac
dua

râu
asubontene

iarbă
nsensan

floare
nhwiren

vale

εbɔn

deal

bepɔ

lac

sutadeε

pădure

kwaeε

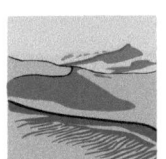

deșert

εserε so

vulcan

egya a εfiri bepɔ mu ba

castel

ahenfie

curcubeu

nyankontɔn

ciupercă

mmire

palmier

abεdua

țânțar

ntontom

muscă

wasena

furnică

ntatea

albină

wowa

păianjen

ananse

gândac

kukurubibi

broască

apɔnkyerɛnee

veveriță

opuro

arici

kotoko

iepure

adanko

bufniță

patuo

pasăre

anomaa

lebădă

dabodabo

porc mistreț

kɔkɔte

cerb

wansane

elan

torɔm

dig

sutadeɛ

turbină eoliană

mframa tɛɛbain

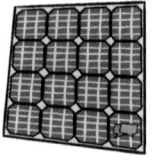

panou solar

adeɛ ɛtwe anyinam ahoden
firi awia mu

climă

ewiem

restaurant
adidibea

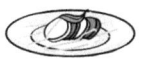

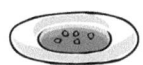

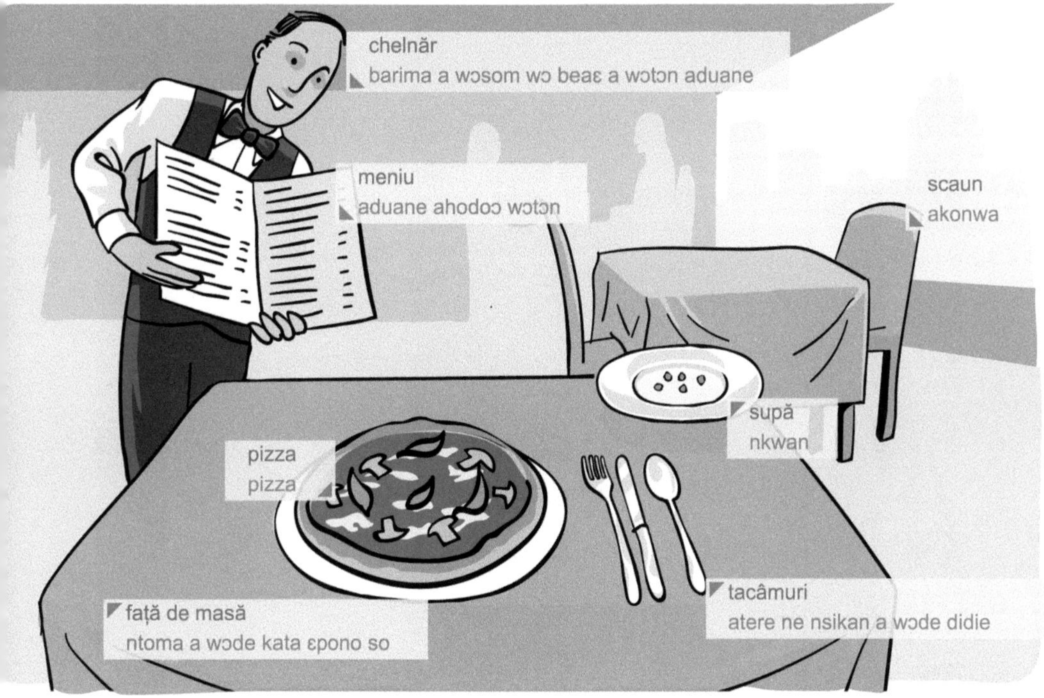
chelnăr
barima a wɔsom wɔ beaɛ a wɔtɔn aduane
meniu
aduane ahodoɔ wɔtɔn
scaun
akonwa
supă
nkwan
pizza
pizza
tacâmuri
atere ne nsikan a wɔde didie
față de masă
ntoma a wɔde kata ɛpono so

antreu

ahyɛaseɛ

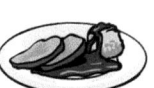

fel principal

aduane titriw

desert

nnɔkɔnnɔkwade

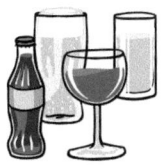

băuturi

nsa

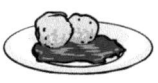

mâncare

aduane

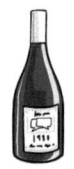

sticlă

toa

fastfood

aduane wɔyɛ no ɔhare so

streetfood

aduana a ɛyɛ kwan ho

ceainic

tea kukuo

zaharniță

asikyire kyɛnsen

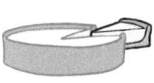

porție

fa

espressor

espresso afidie

scaun înalt (pentru copii)

akonwa tenten

factură

ka krataa

tavă

apanpan

cuțit

sikanmoa

furculiță

adinam

lingură

atere

linguriță

tea atere

șervețel

ntoma a wɔde sɛ pono so

pahar

ahwehwɛ

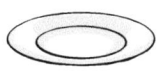

farfurie

plɛɛte

farfurie de supă

nkwan plɛɛte

farfurie

plɛte ketewa

sos

frɔyɛ

solniță

nkyene kukuo

râșniță de piper

adeɛ a wɔde twi mako

oțet

vinegar

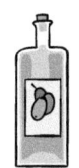

ulei

anwa

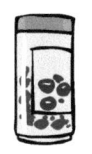

condimente

atosodeɛ

ketchup

ketchup

muștar

sinapi aba

maioneză

mayonis

supermarket
dwakɛseɛmu

ofertă
akwanya soronko
client
obi a wɔtɔ wadeɛ
produse lactate
milikyi nnuane
fructe
nnuaba
ɔ adeɛ pia berɛ a wɔretɔ adeɛ
FOR

BUTCHERS

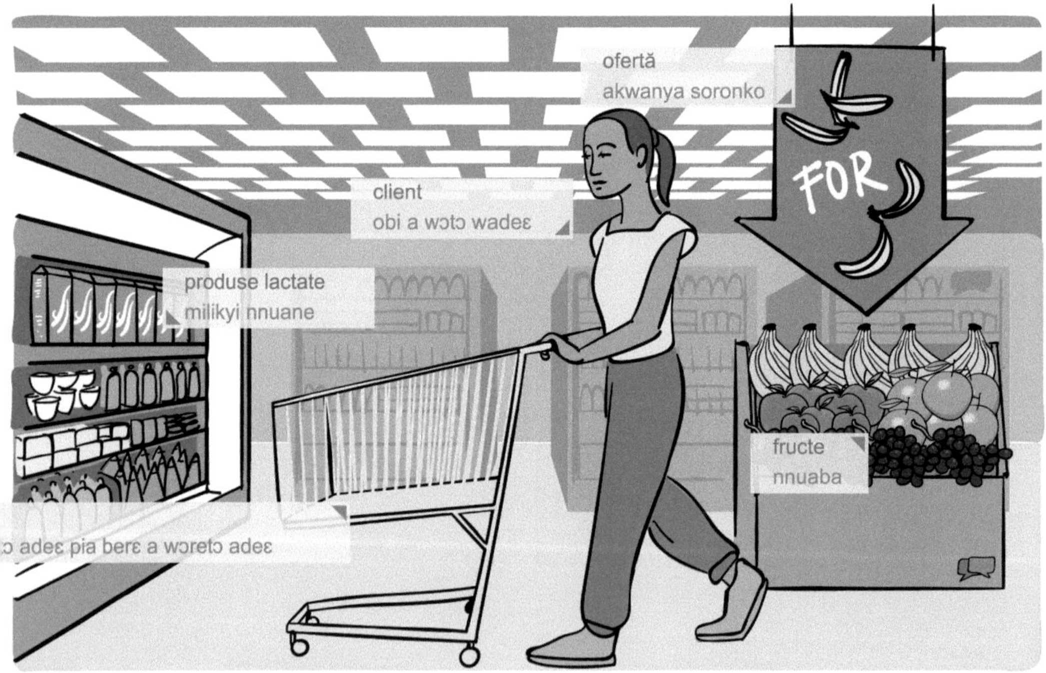

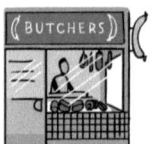

măcelărie

nnamtwafo

BAKERY

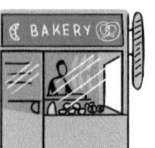

brutărie

brodotofo

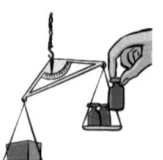

a cântări

susu

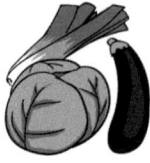

legume

atosodeɛ

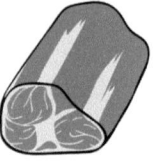

carne

nnam

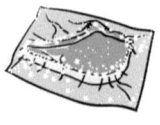

alimente refrigerate

aduane a wɔde ahyɛ sukɔtwea adaka mu

mezeluri și brânzeturi feliate

nnam a yɛy nwunu

conserve

nnuane a ɛwɔ konku mu

detergent

aduro a wɔde si nnooma

dulciuri

adɔkɔkɔdɔkɔdeɛ

articole de menaj

efie nnooma

produse de curățenie

nnuro a wɔde hohoro nnooma ho

vânzătoare

adetɔni

casă

adeɛ a wɔgye sika de gu mu

casier

obi a wɔhwɛ sika so

listă de cumpărături

nnooma a wobɛtɔ

orar

mmerɛ a ɔmo de bue

portmoneu

kɔtɔkuo

carte de credit

krɛdit kaade

geantă

bɔtɔ

pungă de plastic

rɔba bɔtɔ

apă

nsuo

suc

aduaba mu nsuo

lapte

milikyi

cola

coke

vin

nsa

bere

beer

alcool

nsaden

cacao

kookoo

ceai

tea

cafea

kɔfe

espresso

espresso

cappucino

cappuccino

banane

kwadu

măr

aprɛ

portocală

akutuo

pepene

mɛlon

lămâie

akutuo

morcov

karɔt

usturoi

galeke

bambus

mpampuro

ceapă

gyeene

ciupercă

mmire

nuci

nkateɛ

paste făinoase

talia

spagheti

talia

orez

ɛmo

salată

salad

cartofi prăjiți

kyips

cartofi țărănești

aborodwomaa w'akye

pizza

pizza

hamburger

hamburger

sandwich

sandwiɔh

șnițel

ntwetwade

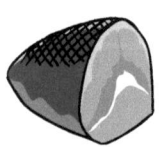

șuncă

prɛko nam

salam

salami

cârnați

sɔsegye

pui

akokɔnam

friptură

toto

pește

nsuomunam

fulgi de ovăz

oats koko

musli

muesli

cereale

cornflakes

făină

esam

corn

croissant

chifle

brodo a yabobɔ

pâine

brodo

pâine prăjită

ho

biscuiți

biskit

unt

bɔta

brânză de vaci

koko

prăjitură

ɔfam

ou

kosua

ouă ochiuri

kosua a yakye

brânză

kyeese

înghețată
ise krim

zahăr
asikyire

miere
εwoɔ

marmeladă
εam

cremă nuga
kyɔkolate a wɔde yε aduane mu

curry
kɔri

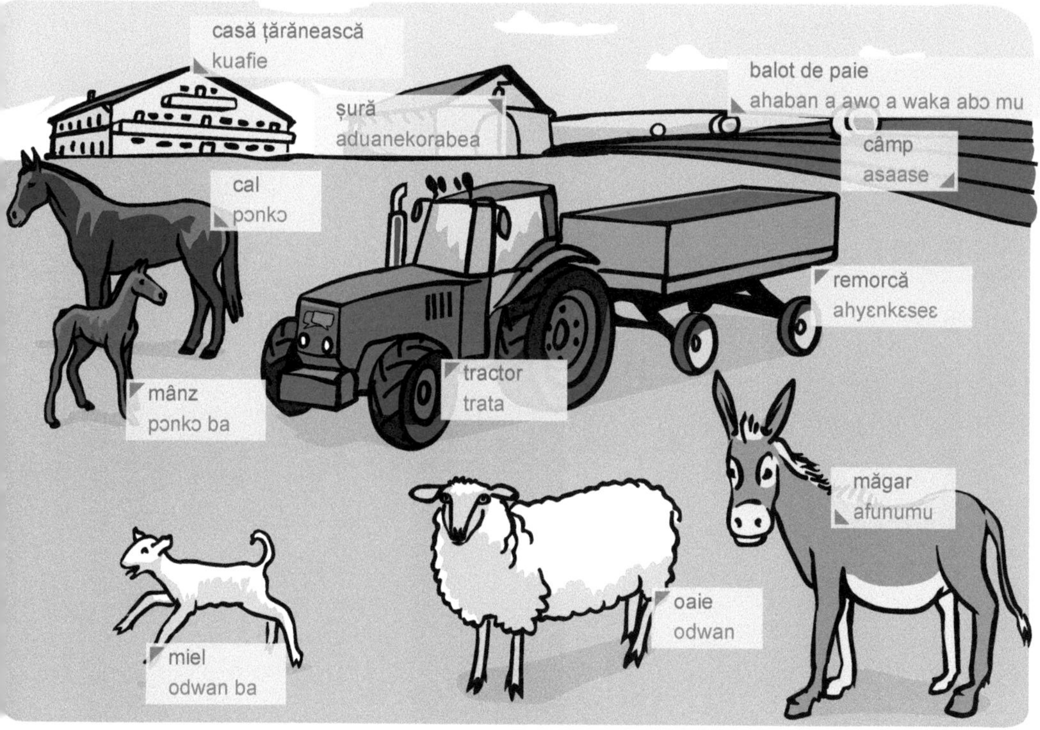

casă ţărănească
kuafie

balot de paie
ahaban a awo a waka abɔ mu

şură
aduanekorabea

câmp
asaase

cal
pɔnkɔ

remorcă
ahyɛnkɛseɛ

mânz
pɔnkɔ ba

tractor
trata

măgar
afunumu

oaie
odwan

miel
odwan ba

capră

aponkye

vacă

nantwie

viţel

nantwie ba

porc

prɛko

purcel

prɛko ba

taur

nantwinini

găină
dabodabo

rață
dabodabo

pui
akokɔba

găină
akokɔbedeɛ

cocoș
akokɔnini

șobolan
akura

pisică
agyinamoa

șoarece
akura

bou
nantwi

câine
ɔkraman

cușcă
kramanfie

furtun de grădină
drobɛn a wɔde nsuo fa mu
gugu nnɔɔma so

stropitoare
toa wɔde nsuo gu mu de
gugu nnɔɔma so

coasă
kantankrankyi

plug
afidie a wɔde funtum
asaase ani

seceră

sɔsɔwa

sapă

asɔ

furcă

fɔɔki kɛseɛ

secure

akuma

roabă

hweebaro

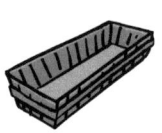

troacă

adea mmɔa didi mu

cană pentru lapte

milikyi konku

sac

kotoku

gard

ɛban

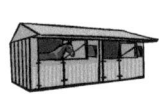

grajd

mmɔa dan

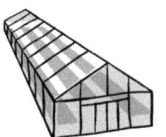

seră

nnuaba dan mu

sol

anwea

sămânţă

aba

fertilizator

nnuro a wɔde gu mfudeɛ ho

combină de treierat

nnuanetwa kaa kɛse

a culege
twa

recoltă
mfudeɛ

cartof yam
bayerɛ

grâu
ayuo

soia
soya

cartof
aborɔdwomaa

porumb
aburo

rapiță
rapedua aba

pom fructifer
aduaba dua

manioc
bankye

cereale
aburo aduane

casă
efie

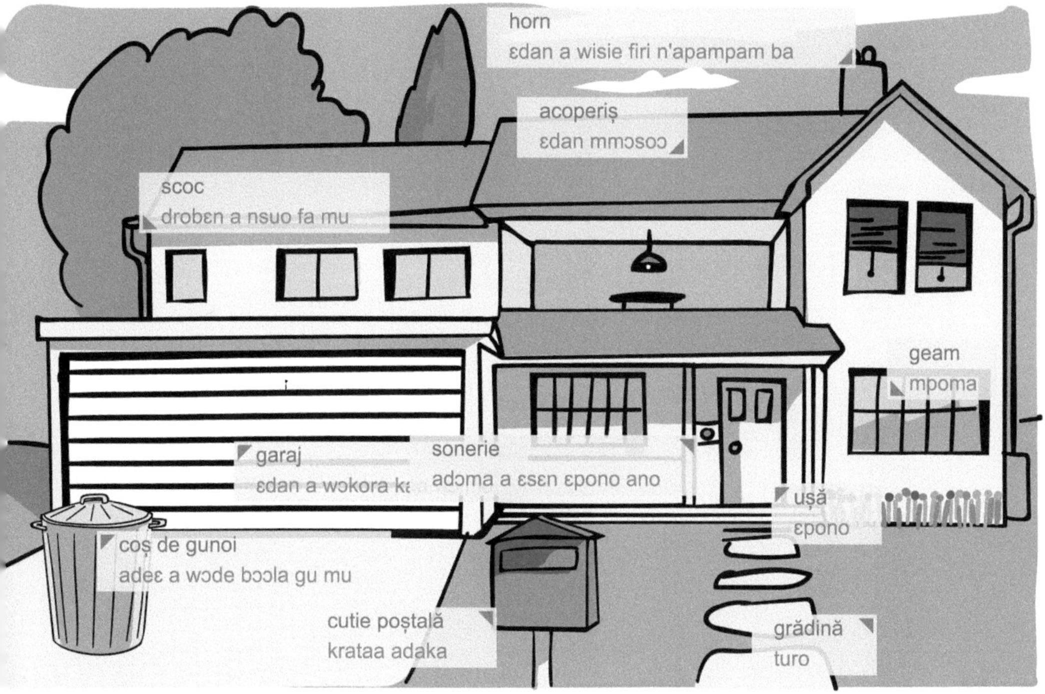
horn
ɛdan a wisie firi n'apampam ba
acoperiș
ɛdan mmɔsoɔ
scoc
drobɛn a nsuo fa mu
geam
mpoma
garaj
ɛdan a wɔkora kɛ
sonerie
adɔma a ɛsɛn ɛpono ano
ușă
ɛpono
coș de gunoi
adeɛ a wɔde bɔɔla gu mu
cutie poștală
krataa adaka
grădină
turo

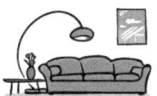

cameră de zi

ɛdan a wɔtena mu

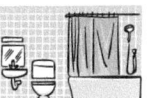

baie

adwareɛ

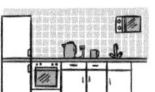

bucătărie

gyaade

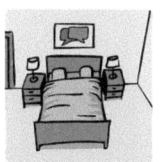

dormitor

piam

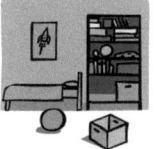

camera copiilor

abɔfra dan mu

sufragerie

ɛdan a wɔdidi wɔ mu

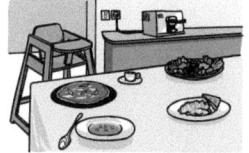

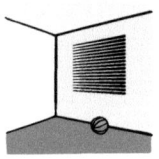

podea

fam

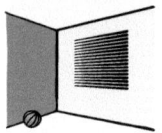

perete

ɛban

tavan

siilin

pivniță

ɛdan a ɛhyɛ fam

saună

beaɛ a wɔkoto hyew

balcon

pɔɔkye

terasă

asaase a wafuntum na
wɔde dua nnɔbaeɛ

piscină

nsuo a wɔdware mu

mașină de tuns iarba

afidie a wɔde dɔ

cearșaf

krataa

cuvertură

nnasoɔ

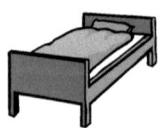

pat

mpa

mătură

praeɛ

găleată

bɔkiti

întrerupător

deɛ wɔde sɔ kanea

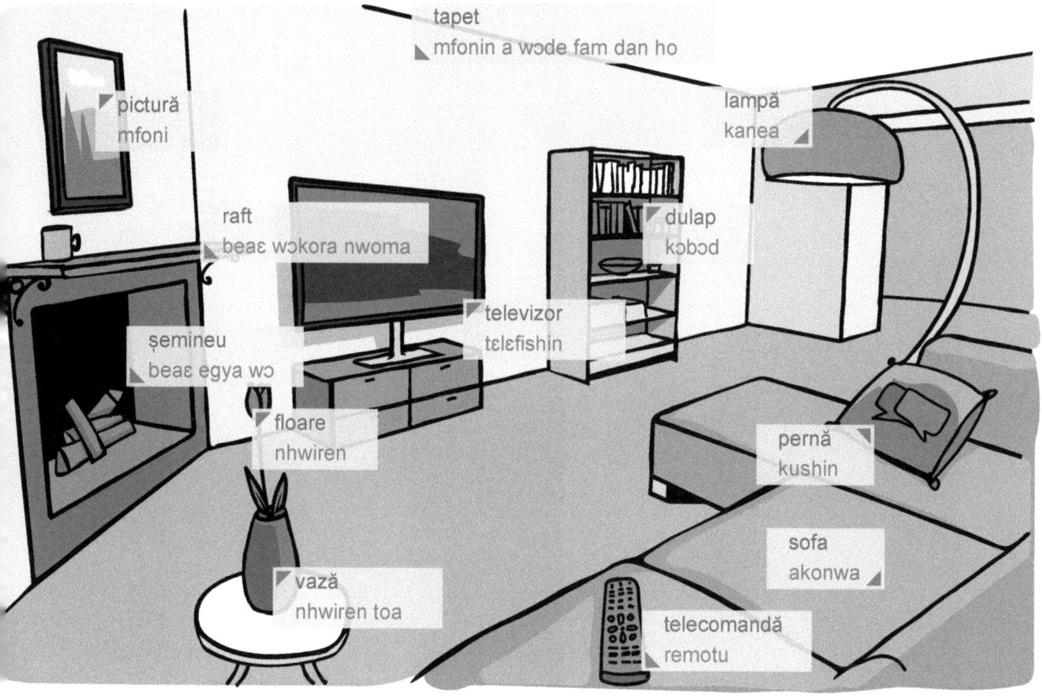

tapet
mfonin a wɔde fam dan ho

pictură
mfoni

lampă
kanea

raft
beaɛ wɔkora nwoma

dulap
kɔbɔd

șemineu
beaɛ egya wɔ

televizor
tɛlɛfishin

floare
nhwiren

pernă
kushin

sofa
akonwa

vază
nhwiren toa

telecomandă
remotu

covor

kapɛt

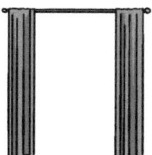

perdea

kɛtin

masă

pono

scaun

akonwa

balansoar

akonwa aa ɛkɔ anim ne akyi

fotoliu

nsaakonwa

carte
nwoma

pătură
kuntu

decorațiune
beaɛ asiesie

lemn de foc
egya

film
mfoni

instalație stereo
hi-fi afidie

cheie
safoa

ziar
dawurubɔ krataa

desen
akaado

poster
mfoni

radio
akasanoma

caiet de notițe
nwoma a wɔtwerɛ nsɛmpɔ
gu mu

aspirator
afidie a wɔde pra mfuturo

cactus
cactus

lumânare
kandele

bucătărie
gyaade

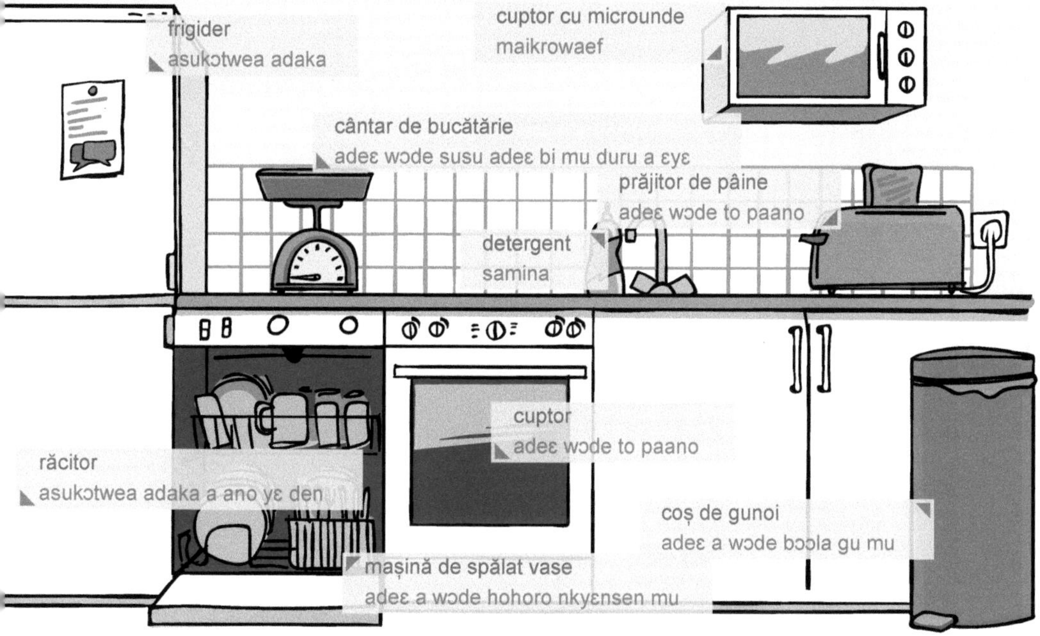
frigider
asukɔtwea adaka
cuptor cu microunde
maikrowaef
cântar de bucătărie
adeɛ wɔde susu adeɛ bi mu duru a ɛyɛ
prăjitor de pâine
adeɛ wɔde to paano
detergent
samina
cuptor
adeɛ wɔde to paano
răcitor
asukɔtwea adaka a ano yɛ den
coș de gunoi
adeɛ a wɔde bɔɔla gu mu
mașină de spălat vase
adeɛ a wɔde hohoro nkyɛnsen mu

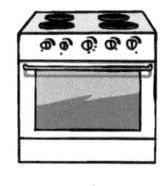

cuptor

adeɛ a wɔde noa aduane

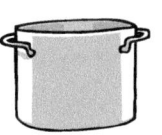

oală

kukuo

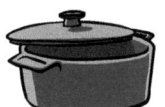

oală de metal

dadesɛn

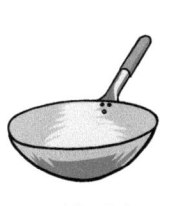

wok/kadai

wok / kadai

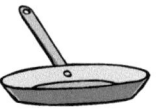

tigaie

pan

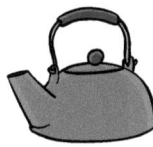

ceainic

adeɛ wɔde noa nsuo

oală de gătit cu aburi

nea yɛde ka aduane hye

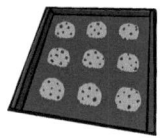

tavă de copt

adeɛ woto so paano

veselă

nkyɛnsen a wɔdidi mu

pahar

kuruwa

bol

kyɛnsen

bețișoare

nnua a wɔde didie

polonic

kwantere

spatulă

atere

tel

adeɛ wɔde nu adeɛ mu

sită

sɔneɛ

sită

sɔneɛ

răzătoare

adeɛ a wɔde twi adeɛ

mojar

waduro

grătar

adeɛ a wɔde toto nam

loc pentru grătar

egya a biribiara mmɔ ho ban

tocător

adeɛ a wɔtwitwa so nnɔɔma

sucitor

adea wɔde twi nnɔɔma

tirbușon

adeɛ a wɔde tu toa ano

conservă

konku

deschizător de conserve

adeɛ wɔde bie konku so

șervete termice

nea yɛde sɔ kukuo mu

chiuvetă

adeɛ a wɔhohoro nkyɛnse
wɔ mu

perie

adeɛ a wɔde twitwi

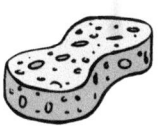

burete

sapɔ

mixer

afidie wɔde yam nnuane

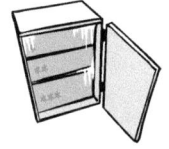

ladă frigorifică

asukɔtwea adaka a ano yɛ
den

biberon

abɔfra toa

robinet

nsuo

baie
adwareɛ

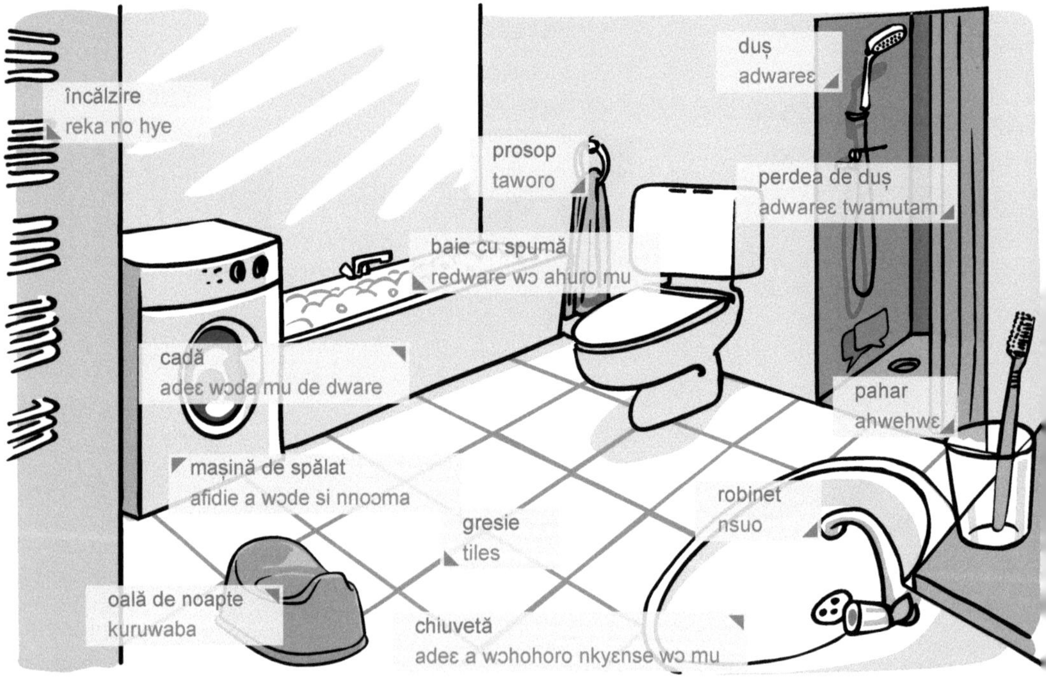

încălzire
reka no hye
duș
adwareɛ
prosop
taworo
perdea de duș
adwareɛ twamutam
baie cu spumă
redware wɔ ahuro mu
cadă
adeɛ wɔda mu de dware
pahar
ahwehwɛ
mașină de spălat
afidie a wɔde si nnoɔma
robinet
nsuo
gresie
tiles
oală de noapte
kuruwaba
chiuvetă
adeɛ a wɔhohoro nkyɛnse wɔ mu

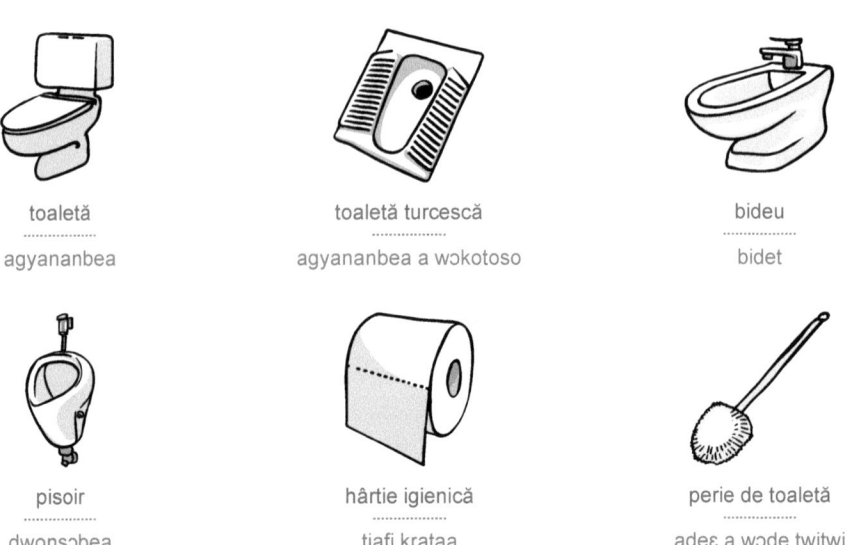

toaletă

agyananbea

toaletă turcescă

agyananbea a wɔkotoso

bideu

bidet

pisoir

dwonsɔbea

hârtie igienică

tiafi krataa

perie de toaletă

adeɛ a wɔde twitwi agyanbea

periuță de dinți
adeɛ wɔde twitwiri ɛse

pastă de dinți
aduro wɔde twitwiri ɛse

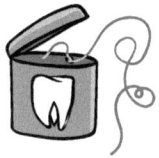

ață dentară
adeɛ wɔde yiyi ɛse ntam

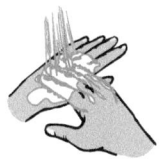

a spăla
si

cap de duș
adeɛ wɔsɔ mu de dware

duș intim
adeɛ nsuo fa mu na wɔde
hohoro mmaa ase

lavoar
adeɛ wɔsi nnooma wɔ mu

perie pentru spate
adeɛ wɔde twitwi yakyi

săpun
samina

gel de duș
adwareɛ samina

șampon
deɛ wɔde hohoro tirinwii mu

cârpă de spălat
ntoma wɔde asaawa na ayɛ

scurgere
nsuokwan

cremă
nkuu

deodorant
aduro a wɔde fa mmɔtoamu

oglindă
ahwehwɛ

oglindă cosmetică
ahwehwɛ kumaa

aparat de ras
yiwan

spumă de ras
aduro a wɔde yi

aftershave
aduro a wɔde sera beaɛ
wayi

pieptene
afe

perie
brɔsh

uscător de păr
afidie a wɔde ka nwii ma no
wo

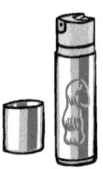

fixator
adeɛ wɔde aduro gu mu de
gu nwii so

machiaj
adeɛ wɔde yɛn wɔn anim

ruj
adeɛ wɔde keka ano

lac de unghii
aduro a wɔde ka mmɔwerɛ
so

vată
asaawa

foarfece de unghii
apasoɔ a wɔde twitwa
mmɔwerɛ

parfum
aduham

neseser

baage a wɔde nnooma gu
mu wɔ adwareɛ

taburet

akonwa

cântar

afidie a wɔde susu adeɛ bi
mu duro

halat de baie

ataadeɛ wɔhyɛ berɛ a
wɔrekɔdware

mănuși de cauciuc

adeɛ wɔde hyɛ wɔn nsa a
wɔde rɔba na ayɛ

tampon

adeɛ wɔde twe nsuo firi
pirakuro mu

tampon

deɛ mmaa de siesie wɔn ho
berɛ wɔn abu wɔn nsa

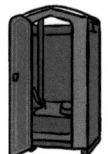

toaletă chimică

agyananbea a wɔde nnuro
kora

camera copiilor
abɔfra dan mu

ceas deșteptător
berɛkyerɛfoɔ a ɛtumi yɛ dede
jucărie de pluș
agodiaba a wɔde to wɔn nkyɛn da
mașină de jucărie
kaa agodiaba
morișcă
akasaa
casă de păpuși
beaɛ a wɔtɔn agodiaba pii
cadou
akyedeɛ

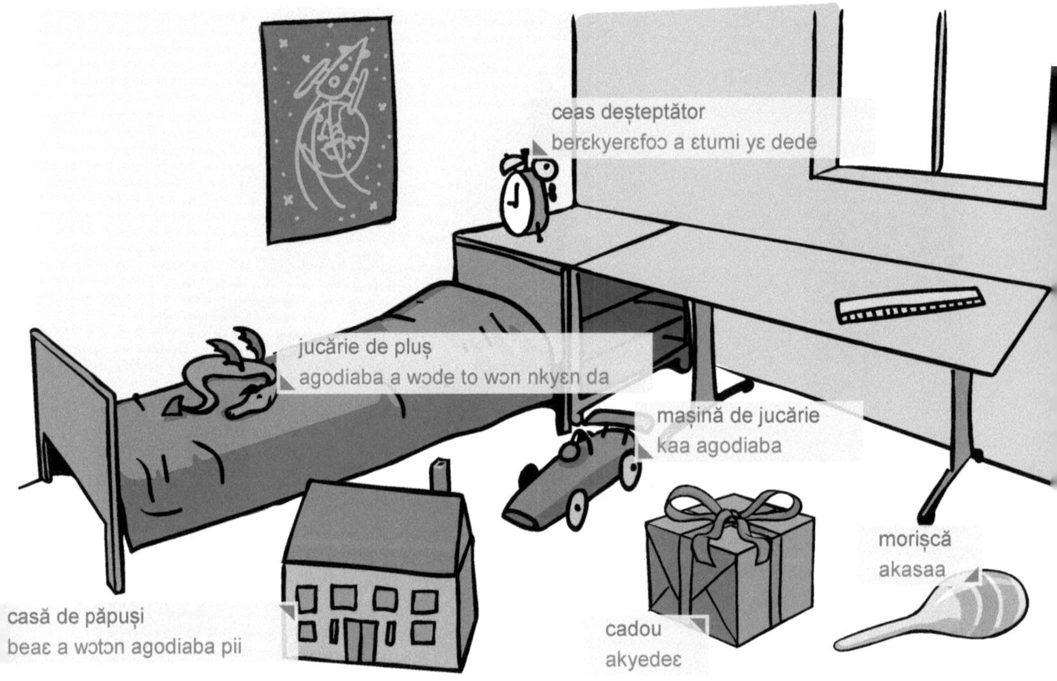

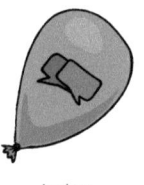

balon

baluu

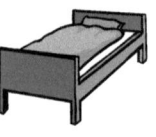

pat

mpa

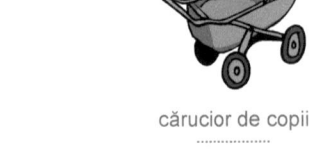

cărucior de copii

adeɛ a wɔde mmɔfra to mu pia wɔn

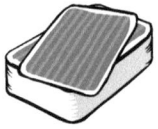

joc de cărți

nkrataa a ɛhyɛ adaka mu

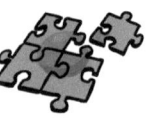

puzzle

mfonin asiniasini a wɔkeka si ani hyehyɛ

SUPER MEGA

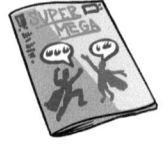

revistă de benzi desenate

mmɔfra aseresɛm nwoma

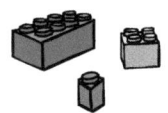

cuburi lego

lego bricks

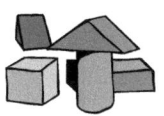

piese pentru construcții

blɔks a wɔde si dan

personaj din filmele de acțiune

mmɔfra agodiaba

body

mmɔfra ataade a wɔayɛ abɔ mu

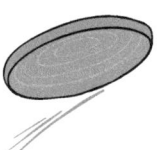

frisbee

frisbee

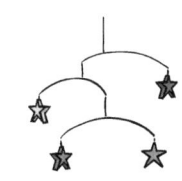

mobil

agodiaba a wɔde sensɛne mmɔfra mpa so

joc de societate

agorɔ a ɛwɔ pono so

zar

ludu aba

set trenuleț de jucărie

ketekye ketewa

suzetă

adeɛ a wɔde hyɛ mmɔfra anumu

petrecere

apontoɔ

carte cu poze

krataa mfonin wɔ mu

minge

bɔɔlo

păpușă

agodiaba

a se juca

di agorɔ

groapă de nisip

adeɛ wɔde anwea agu mu a mmɔfra di mu agorɔ

leagăn

adonko

jucării

agodiaba

consolă video

afidie abɛɛfo agodie wɔ so a wɔbɔ

tricicletă

dadepɔnkɔ a ne nan yɛ mmiensa

ursuleț

sisire agodiaba

dulap

wɔdrop

îmbrăcăminte

ataadeɛ

șosete

adeɛ a wɔhyɛ ansa na wahyɛ mpaboa

ciorapi

ataade tenten a wɔhyɛ wɔ won nan ho

dres

ataadeɛ a ɛkyekyere deɛ wahyɛ no

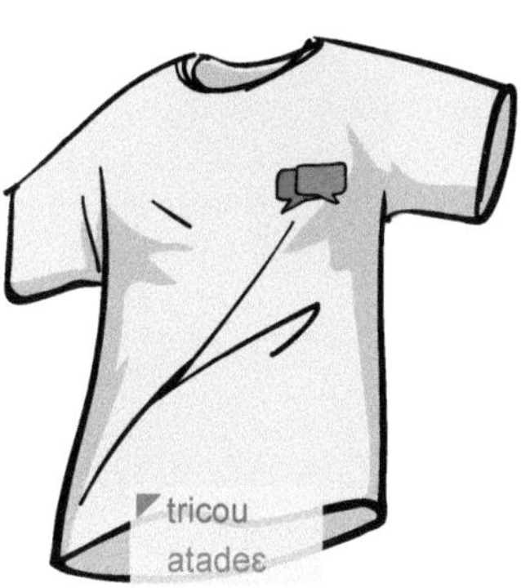

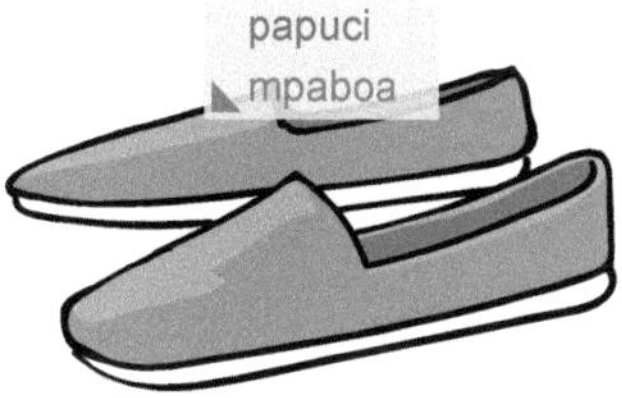

şal
duku

umbrelă
kyiniɛ

tricou
atadeɛ

curea
abɔɔmu

cizme
mpaboa

papuci
mpaboa

pantofi sport
mpaboa

sandale
....
mpaboa

încălțăminte
....
mpaboa

cizme de cauciuc
....
rɔba mpaboa

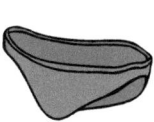

chilot
....
drɔs

sutien
....
adeɛ mmaa hyɛ de kora
wɔn nufu

maiou
....
fɛst

body

nipadua

pantaloni

trɔsa

blugi

gyins

fustă

skεεte

bluză

mmaa ataade soro

cămașă

ataadesoro

pulover

swata

jerseu

ataadeε a εkyε wɔ mu

sacou

kootu

jachetă

ataade ngusoɔ

palton

kootu

pelerină de ploaie

ataadeε wɔhyε berε nsuo
retɔ

costum

ataadehyε

rochie

ataadeε

rochie de mireasă

ayifrɔ atadeε

costum

ataade nkatasɔɔ

cămaşă de noapte

ataadeɛ a yɛhyɛ de da

pijama

pigyamas

sari

sari

batic

duku

turban

duku

burka

ataadeɛ Nkramofoɔ mmaa
hyɛ na ɛkata wɔn tiri so de
kɔsi wɔn naɲ ase

caftan

kaftan

abaya

abaya

costum de baie

ataadeɛ a wɔhyɛ de dware
nsuo mu

şort

nika

pantaloni scurţi

nika

trening

traksuit

şorţ

ntoma a wɔde kata wɔn
kɔnmu berɛ wɔreyɛ aduane

mănuşi

adeɛ wɔde hyɛ wɔn nsa

nasture

batin

ochelari

ahwehwɛniwa

brățară

adeɛ wɔde to wɔn nsa

lanț

kɔnmuade

inel

kawa

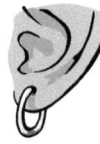

cercel

asomadeɛ

căciulă

ɛkyɛ

umeraș

adeɛ a wɔde kootu hyɛ so

pălărie

ɛkyɛ

cravată

abɔɔmenemu

fermoar

zip

cască

ɛkyɛ a wɔhyɛ de twi
motosakre

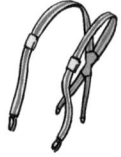

bretele

bresis

uniformă școlară

sukuu ataadeɛ

uniformă

ataadeɛ

bavețică

adeɛ a wɔde gu abɔfra kɔn
mu berɛ a wɔredidi

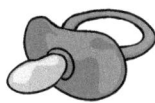

suzetă

adeɛ a wɔde hyɛ mmɔfra
anumu

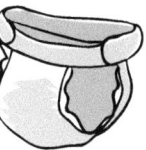

scutec

moase tam

birou

ɔfise

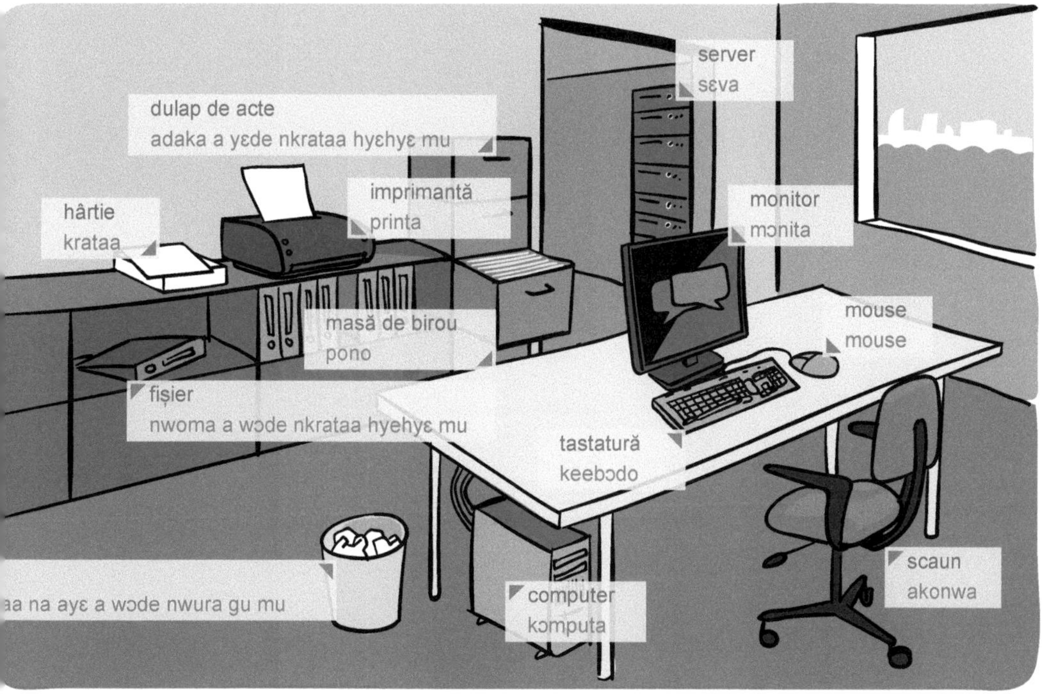

server
sɛva

dulap de acte
adaka a yɛde nkrataa hyɛhyɛ mu

imprimantă
printa

monitor
mɔnita

hârtie
krataa

masă de birou
pono

mouse
mouse

fișier
nwoma a wɔde nkrataa hyɛhyɛ mu

tastatură
keebɔdo

aa na ayɛ a wɔde nwura gu mu

scaun
akonwa

computer
kɔmputa

ceașcă de cafea

kɔfe kuruwa

calculator

afidie a wɔde bu nkonta

internet

intanɛt

laptop

laptop

scrisoare

krataa

mesaj

nkratɔɔ

telefon mobil

mobile

reţea

nɛtwɛk

copiator

fotokɔpia

software

sɔftwɛɛ

telefon

tetefon

priză

plɔg sɔkɛti

fax

fax afidie

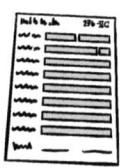

formular

krataa

document

krataa

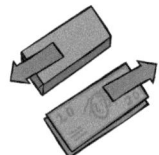

a cumpăra

to

a plăti

tua

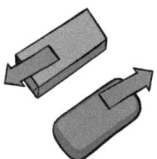

a face comerţ

tɔn

bani

sika

USD

Dolar

dollar

EUR

Euro

euro

JPY

Yen

yen

RUB

Rublă

rouble

CHF

Franc Elveţian

Swiss franc

CNY

renminbi yuan

renminbi yuan

INR

Rupie

. rupee

bancomat

sikabea

casă de schimb valutar

baabi aa yɛsesa

aur

sikakɔkɔɔ

argint

dwetɛ

petrol

ngo

energie

ahooɔden

preț

ne boɔ

contract

nteaseɛ a ɛwɔ krataa so

impozit

ɛtoɔ

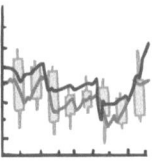

acțiune

stock

a munci

yɛ adwuma

angajat

odwumayɛni

angajator

obi a wafa obi adwumamu

fabrică

afidihyehyɛbea

magazin

beae a wɔtɔn adeɛ

ocupații
nnwuma ahodoɔ

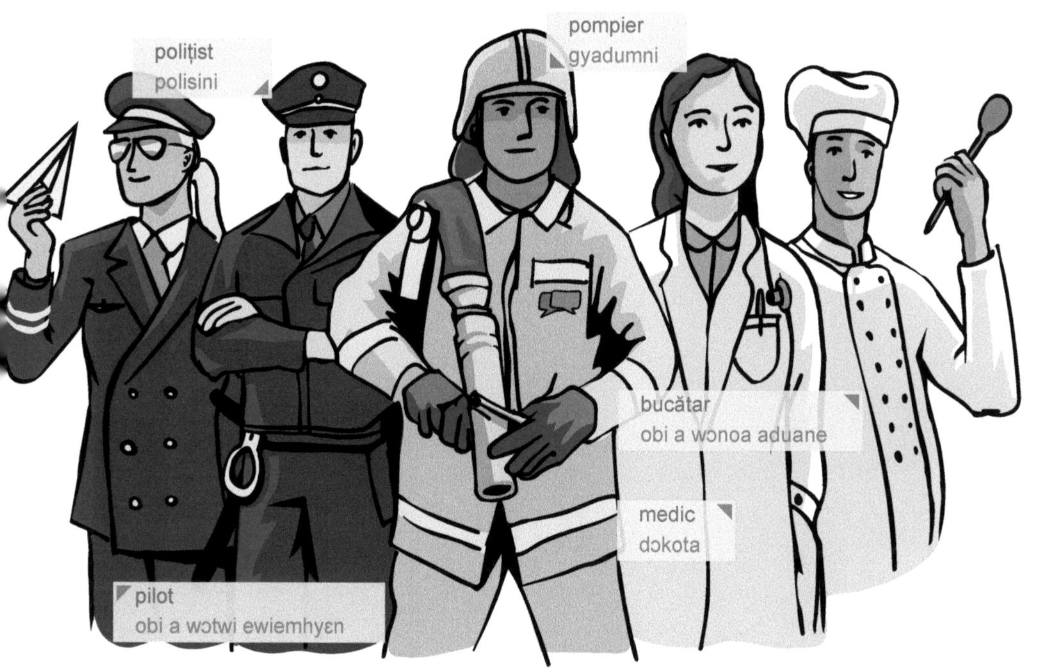
polițist
polisini
pompier
gyadumni
bucătar
obi a wɔnoa aduane
medic
dɔkota
pilot
obi a wɔtwi ewiemhyɛn

grădinar

kuani

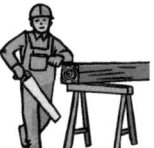

tâmplar

nnuaseni

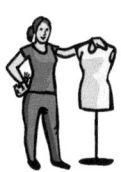

cusătoreasă

ɔbaa a wɔpam adeɛ

judecător

otɛnmuani

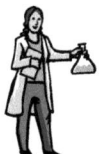

chimist

dufrani

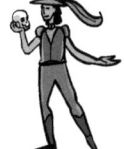

actor

siniyifoɔ

șofer de autobuz

hyɛnkani

șofer de taxi

taxi drɔba

pescar

ɔfarifo

femeie de serviciu

ɔbaa wɔpopa beaɛ

tinichigiu

obi a wɔbɔ dan so

chelnăr

barima a wɔsom wɔ beaɛ a woton aduane

vânător

ɔbɔmofo

pictor

obi wɔde akaado keka ɛden ne nnɔɔma aka ho

brutar

brodotofo

electrician

obi a wɔyɛ nkaneɛ ho adwuma

muncitor în construcții

dansifo

inginer

obi a wɔyɛ mfidie akɛseɛ ho adwuma

măcelar

namtɔnfo

instalator

obi a wɔhyehyɛ drobɛn a nsuo fa mu

poștaș

obi a wɔde nkrataa a amanfoɔ atwerɛ soma no

soldat

ɔsrani

arhitect

obi a wɔyɛ adansie ho adwuma

casier

obi a wɔhwɛ sika so

florar

obi a wɔton nhwiren

frizer

obi a wɔyɛ tire

controlor

deɛ wɔgyegye sika wɔ ɛhyɛn mu

mecanic

obi a wɔsiesie ɛhyɛn

căpitan

panin

stomatolog

dɔkota a wɔhwɛ se

om de ştiinţă

abodeɛmu nyasapɛni

rabin

ɔkyerɛkyerɛni

imam

imam

călugăr

monk

preot

sofo

instrumente

akadeɛ

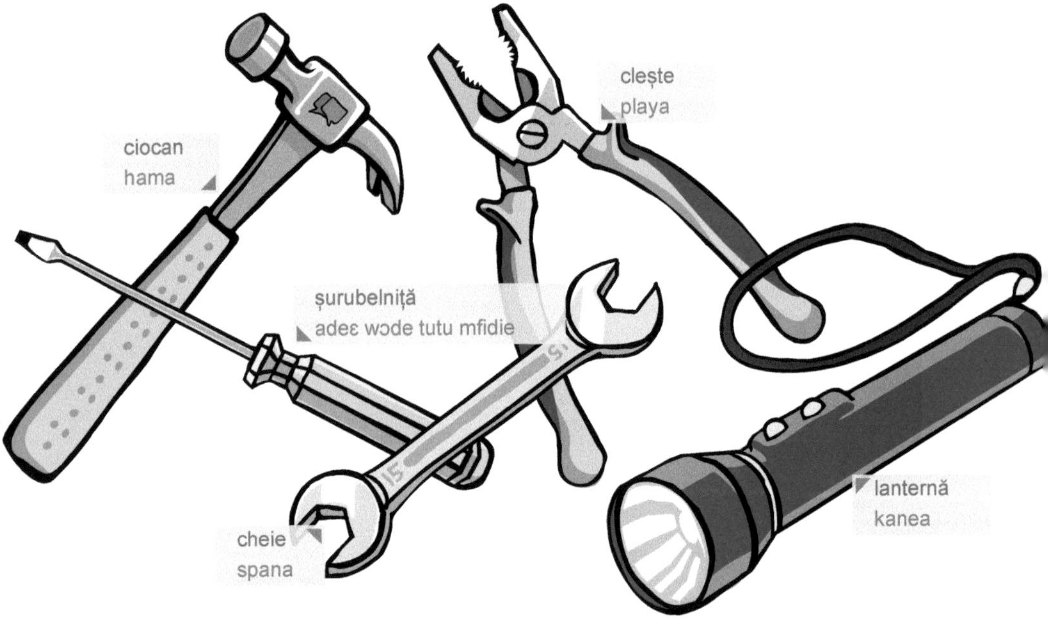

clește
playa
ciocan
hama
șurubelniță
adeɛ wɔde tutu mfidie
lanternă
kanea
cheie
spana

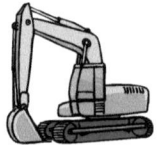

excavator

afidie a wɔde tu fam

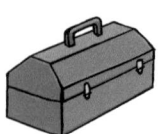

cutie de scule

adaka a wɔde nnɔɔma a wɔde yɛ adwuma gu mu

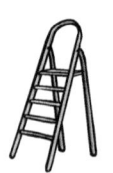

scară

atwedeɛ

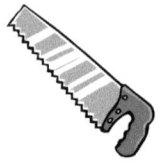

ferăstrău

sradaa

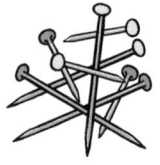

cuie

nnadowa

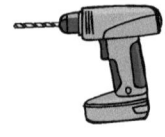

burghiu

afidie a wɔde mmia nnɔɔma mu

a repara
siesie

lopată
sɔfi

La naiba!
Yieee!

făraș
asesa nwura

vas pentru vopsea
akaado kora

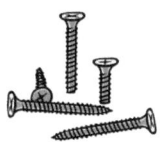

șuruburi
dadeɛ wɔde bobɔ nnooma mu

instrumente muzicale
mfidie a wɔde bɔ nnwom

difuzor
afidie a kasa fa mu

set tobe
ntwene

chitară
ahoma nsia

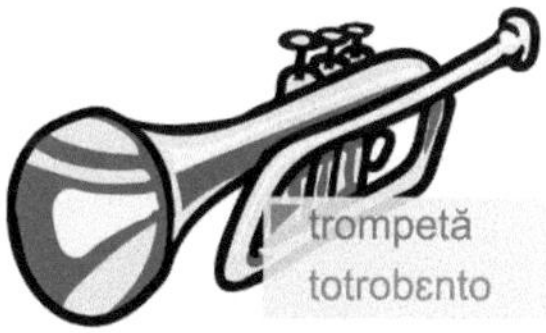

contrabas
bas mmienu

trompetă
totrobɛnto

pian

sankuo

vioară

sankuo

bas

ahoma nsia

trombon

timpani

tobă

ntwene

keyboard

sankuo

saxofon

sasofon

fluier

trobɛnto

microfon

akasanoma

grădină zoologică
mmoakurabea

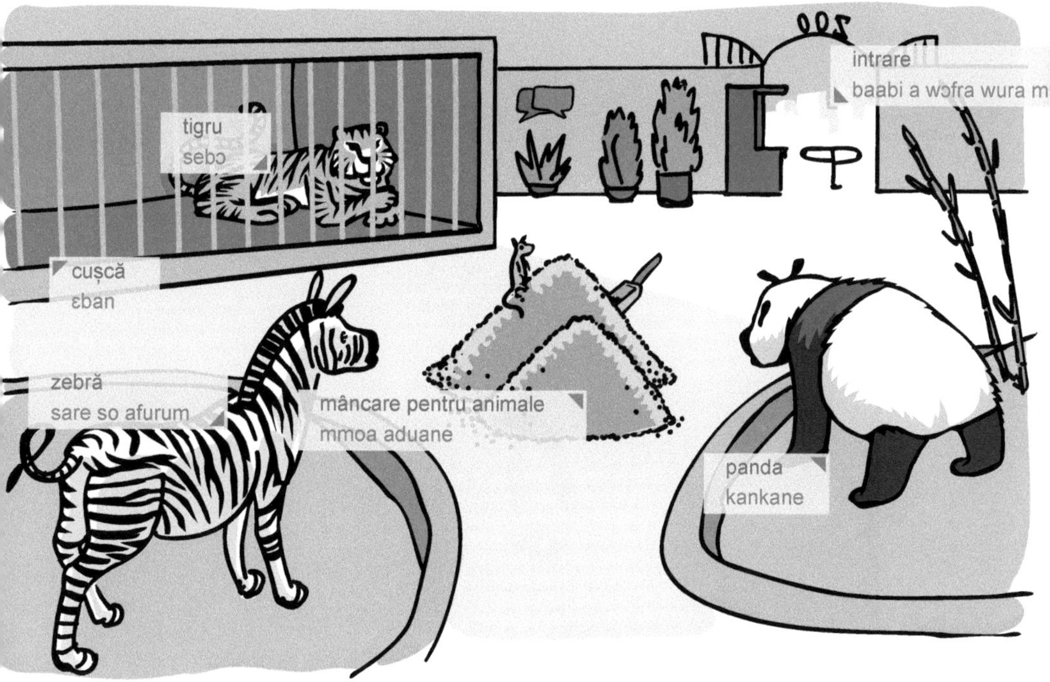

intrare
baabi a wɔfra wura m
tigru
sebɔ
cușcă
ɛban
zebră
sare so afurum
mâncare pentru animale
mmoa aduane
panda
kankane

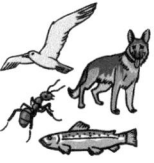

animale
mmoa

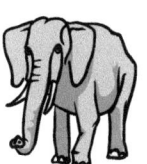

elefant
ɔsono

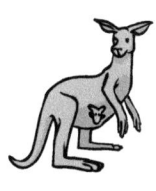

cangur
kangaroo

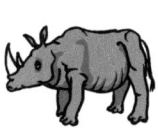

rinocer
bɛnkorɔ

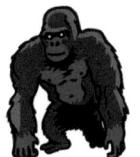

gorilă
akaatia

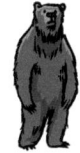

urs
sisire

cămilă

yoma

struț

sohori

leu

gyata

maimuță

kontromfi

flamingo

asukɔnkɔn

papagal

ako

urs polar

sisire

pinguin

penguin

rechin

oboodede

păun

kohaa

şarpe

ɔwɔ

crocodil

dɛnkyɛm

îngrijitor grădina zoologică

mmoasohwɛfo

focă

sukraman

jaguar

sebɔ

ponei

ponkɔ ketewa

leopard

etwie

hipopotam

susono

girafă

kɔntenten

acvilă

ɔkɔdeɛ

porc mistreţ

kɔkɔte

peşte

nsuomunam

broască ţestoasă

sudanda

morsă

sukraman

vulpe

sakraman

gazelă

adowa

fotbal american
Amerika bɔɔlo

ciclism
dadeponkɔ twie akansie

tenis
tɛnɛs

basketball
baskɛtbɔɔlo

înot
nsuo dwareɛ

box
akutrukubɔ

hockey pe gheață
hɔki a wɔbɔ no wɔ asukɔtw

fotbal
bɔɔlo

badminton
badmintɛn

atletism
mmirikatuo

handbal
nsa bɔɔlo

schi
asukɔtwea so agorɔ

polo
polo

a sări
huri

a râde
sre

a îmbrățișa
fam

a merge
nante

a cânta
to nwom

a visa
so daeɛ

a se ruga
bɔ mpaeɛ

a săruta
fe ano

a scrie
twerɛ

a desena
dwidwi

a arăta
kyerɛ

a împinge
pia

a da
ma

a lua
fa

a avea

gye

a face

yɛ

a fi

yɛ

a sta în picioare

gyina

a fugi

tu mirika

a trage

twe

a arunca

tɔ

a cădea

tɔ fam

a sta întins

twa ntorɔ

a aștepta

twɛn

a purta

soa

a ședea

tena ase

a se îmbrăca

hyɛ atadeɛ

a dormi

da

a se trezi

sɔre

a privi

hwɛ

a plânge

su

a mângâia

fa wo nsa fefa ho

a se pieptăna

nunu wotirim

a vorbi

kasa

a înțelege

te aseɛ

a întreba

bisa

a asculta

tie

a bea

nom

a mânca

didi

a face ordine

siesie

a iubi

dɔ

a găti

noa

a conduce

ka kaa

a zbura

tu

a naviga

ka

a calcula

bo ho nkonta

a citi

kan

a învăţa

sua

a munci

yɛ adwuma

a se căsători

ware

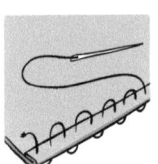

a coase

pam

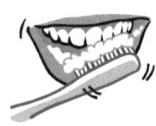

a se spăla pe dinţi

twitwi wo se

a ucide

kum

a fuma

hye

a trimite

soma

familie
abusua

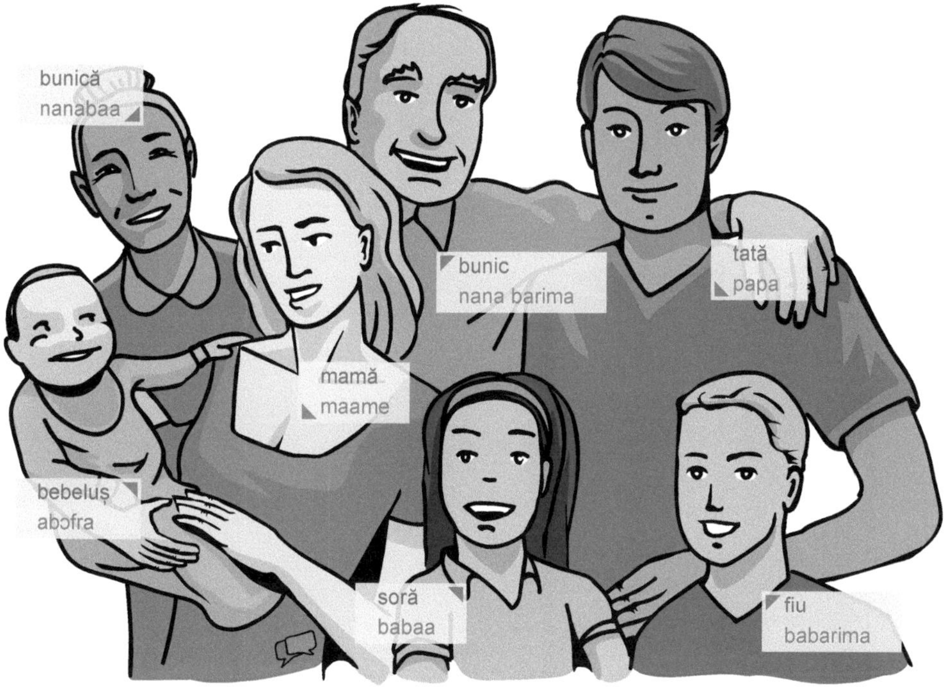
bunică
nanabaa
bunic
nana barima
tată
papa
mamă
maame
bebeluș
abɔfra
soră
babaa
fiu
babarima

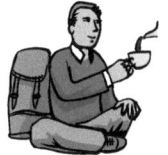

oaspete

ɔhɔhoɔ

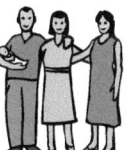

mătușă

sewaa

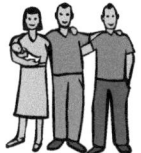

unchi

wɔfa

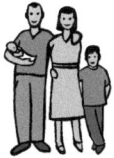

frate

nua barima

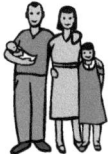

soră

nuabaa

corp
nipadua

frunte
moma
ochi
ani
umăr
abatire
deget
nsatea
față
anim
bărbie
abodweɛ
mână
nsa
picior
nan
piept
nufuoɔ
braț
abasa

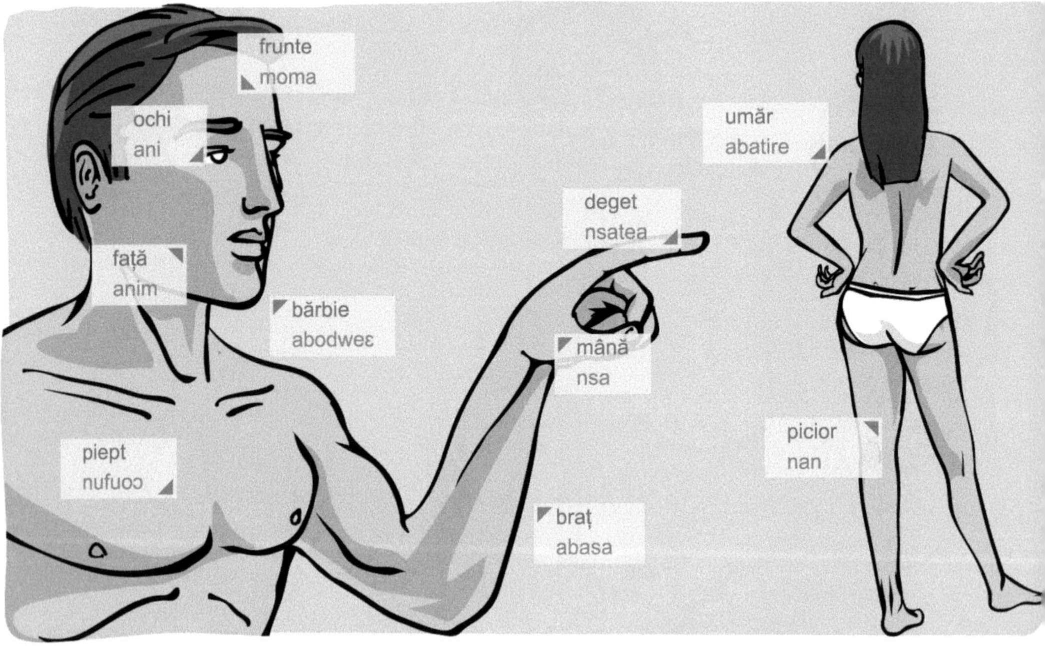

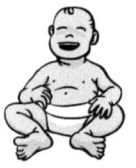

bebeluș

abɔfra

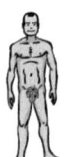

bărbat

barima

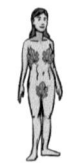

femeie

ɔbaa

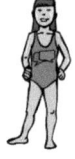

fată

abaayewa

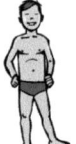

băiat

abarimaa

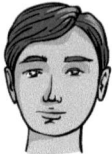

cap

ɛtire

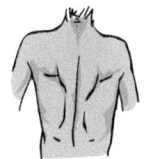

spate

akyi

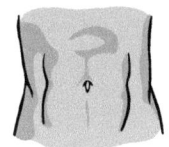

abdomen

yafunu

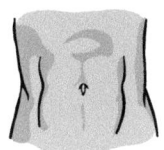

ombilic

furuma

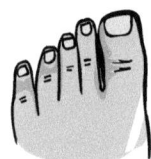

deget de la picior

nansoa

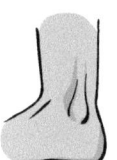

călcâi

nantini

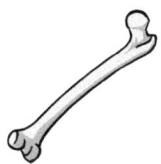

os

dompe

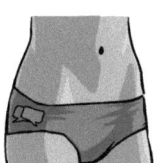

șold

sisi

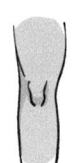

genunchi

kotodwe

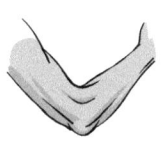

cot

abatwerɛ

nas

hwene

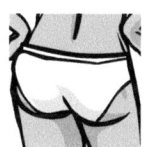

fund

ɛtoɔ

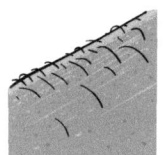

piele

wedeɛ

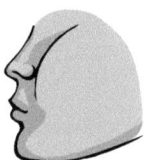

obraz

afono

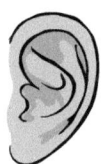

ureche

aso

buză

ano

gură

ano

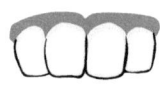

dinte

ɛse

limbă

tɛkyerɛma

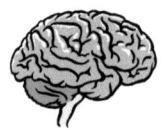

creier

adwene

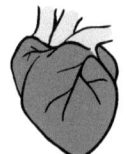

inimă

akoma

mușchi

honam

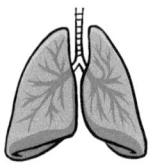

plămân

ahrawa

ficat

brɛbɔɔ

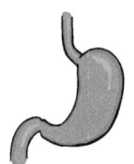

stomac

afuro

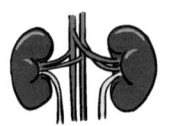

rinichi

sawa

sex

barima ne ɔbaa nna mu nhyiamu

prezervativ

kɔndɔm

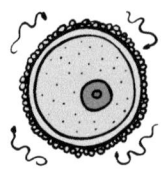

ovul

nkɔsua a ɛwɔ ɔbaa mu

spermă

barima ho nsuo

sarcină

nyinsɛn

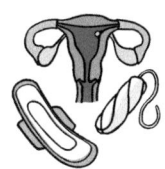

menstruație

brayɔ

vagin

ɛtwɛ

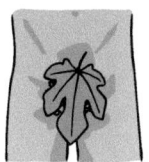

penis

kɔteɛ

sprânceană

aniakyi nwii

păr

nwii

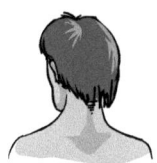

gât

kɔn

spital
asopiti

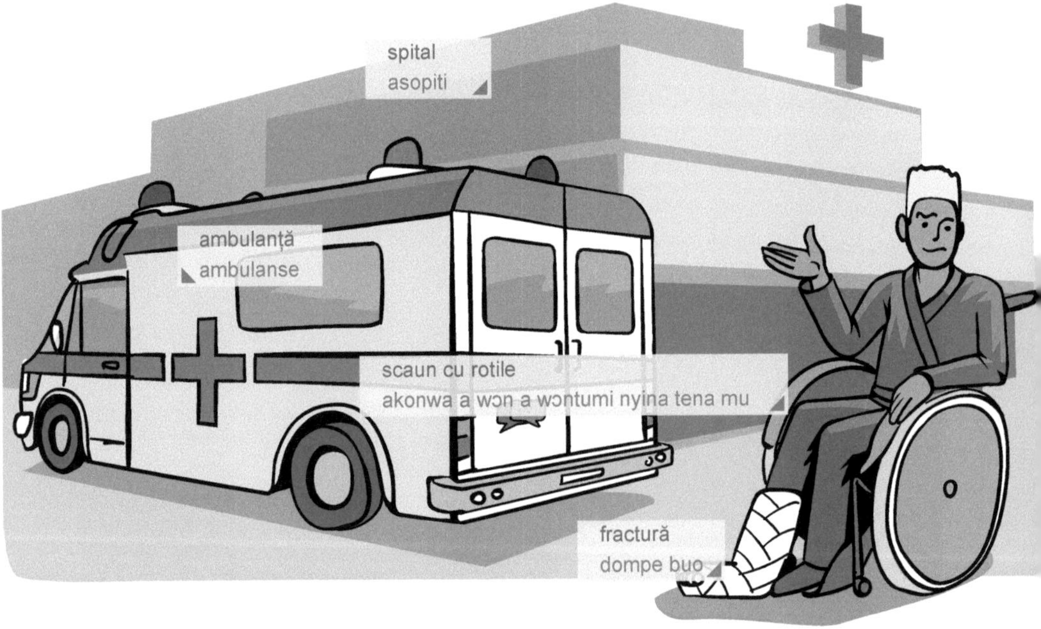

spital
asopiti
ambulanță
ambulanse
scaun cu rotile
akonwa a wɔn a wɔntumi nyina tena mu
fractură
dompe buo

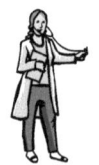

medic

dɔkota

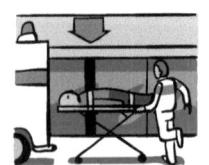

unitate de primiri urgențe

ɛdan a wɔde wɔn a wɔn apira kɔ mu kɔhwɛ wɔn

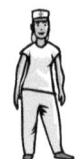

soră medicală

nɛɛse

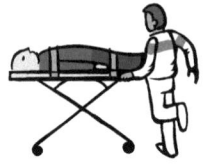

urgență

putupru

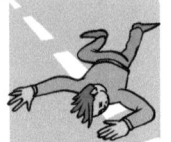

inconștient

fenti

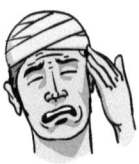

durere

yaw

leziune

pira

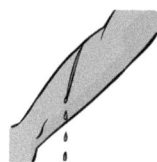

sângerare

mogyatuo

infarct miocardic

akoma yareɛ

atac cerebral

nwodwoɔ yareɛ

alergie

adeɛ wo honam mpɛ

tuse

ɛwa

febră

ahoɔhyeɛ

gripă

papu

diaree

ayɛmhwie

durere de cap

tiripayɛ

cancer

kokoram

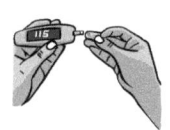

diabet

asikyire yareɛ

chirurg

dɔkotani wɔpaepae obi sa
no yareɛ

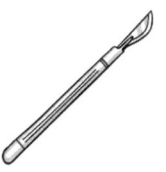

scalpel

sekamma

operație

repaepae obi ho asa no
yareɛ

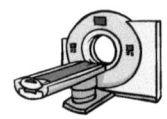

CT

CT

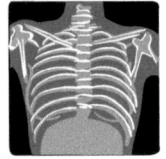

raze Röntgen

x-ray

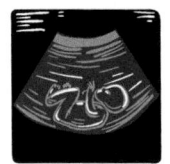

ultrasunet

mfonin a wɔtwa de hwɛ
awodeɛ mu

mască

anim nkatadeɛ

boală

yareɛ

sală de așteptare

dan aa yɛtwɛn wɔ mu

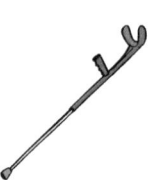

cârjă

klɔkye

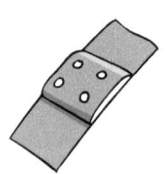

plasture

plasta

bandaj

bandege

injecție

paneɛ

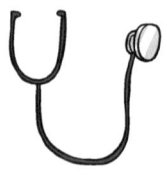

stetoscop

afidie a wɔde tie dede wɔ
nnipa ho

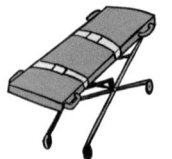

targă

mpa

termometru

afidie wɔde hwɛ ahoɔhyeɛ

naștere

awoɔ

supraponderabilitate

kɛseyɛ mmorosoɔ

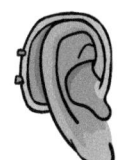

aparat auditiv

afidie a ɛboa ma obi te
asɛm yie

dezinfectant

aduro a wɔde ko tia
yaremmoa bateria

infecţie

yareɛ nsaeɛ

virus

yaremmoawa

HIV/SIDA

HIV / AIDS

medicină

aduro

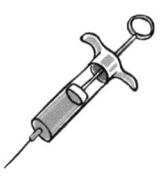

vaccin

nsianoaduru paneɛwɔ

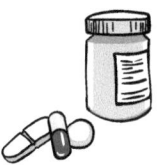

tablete

nnuro a wɔmene

pastilă

aduro a wɔmene

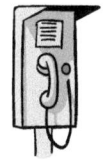

apel de urgenţă

putupru frɛ

aparat de măsurare a
presiunii arteriale

afidie a wɔde hwɛ sɛdeɛ
mogya di aforosane

bolnav/sănătos

yareɛ / ahuɔden

Ajutor!

Boa me!

alarmă

alam

agresiune

repira obi

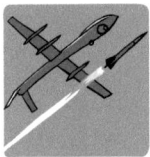

atac

to hyɛ biribi so

pericol

amaneɛ

ieșire de urgență

kwan a wɔfa so pue berɛ
asɛm asi putupuru

Foc!

Egya!

extinctor

adeɛ a wɔde dum gya

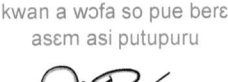

accident

akwanhyia

trusă de prim-ajutor

mmoa a edikan akadeɛ

SOS

SOS

poliție

polisi

Europa

Europe

America de Nord

North America

America de Sud

South America

Africa

Afrioa

Asia

Asia

Australia

Australia

Altantic

Atlantic

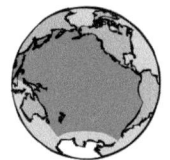

Pacific

Pacific

Oceanul Indian

Indian Ocean

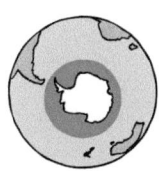

Oceanul Antarctic

Antartic Ocean

Oceanul Arctic

Arctic Ocean

Polul Nord

North Pole

Polul Sud
....
South Pole

Antarctica
....
Atartica

pământ
....
Ewiase

ţară
....
asaase

mare
....
εpo

insulă
....
εpoano

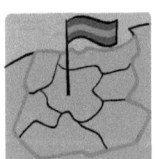

naţiune
....
ɔman

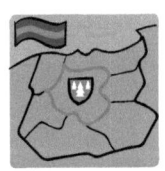

stat
....
ɔman

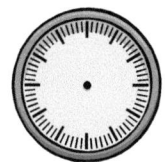

cadran

mmɛrɛ kyerɛfoɔ no anim

orar

dɔnhwere nsa

minutar

sima nsa

secundar

anitɛtɛ nsa

Cât e ceasul?

Abɔ sɛn?

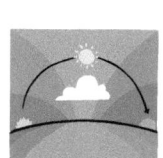

zi

da

timp

mmɛrɛ

acum

seisei ara

cead digital

abɛɛfo mmɛrɛ kyerɛfoɔ

minut

sima

oră

dɔnhwere

săptămână

nnawɔtwe

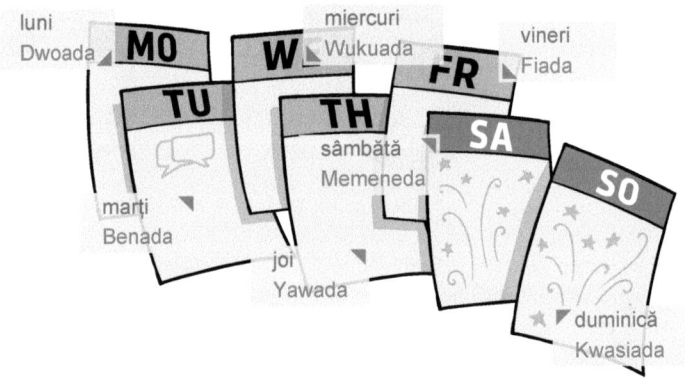

luni — Dwoada — MO
miercuri — Wukuada — W
vineri — Fiada — FR
TU
TH
sâmbătă — Memeneda — SA
marți — Benada
joi — Yawada
SO
duminică — Kwasiada

ieri
....
ɛnora

azi
....
nnɛ

mâine
....
ɔkyena

dimineață
....
anɔpa

amiază
....
awia

seară
....
anwummerɛ

MO	TU	WE	TH	FR	SA	SU
1	2	3	4	5	6	7
8	9	10	11	12	13	14
15	16	17	18	19	20	21
22	23	24	25	26	27	28
29	30	31	1	2	3	4

zile lucrătoare
....
adwuma nna

MO	TU	WE	TH	FR	SA	SU
1	2	3	4	5	6	7
8	9	10	11	12	13	14
15	16	17	18	19	20	21
22	23	24	25	26	27	28
29	30	31	1	2	3	4

week-end
....
nnawɔtwe awieɛ

an
afe

ploaie
nsuo
curcubeu
nyankontɔn
zăpadă
asukɔtwea
vânt
mframa
primăvară
nsopitiemmere
toamnă
twaberɛ
vară
ahuhuberɛ
iarnă
awɔberɛ

4.APRIL 11°
5.APRIL 4°
6.APRIL 13°
7.APRIL 8°
8.APRIL 10°

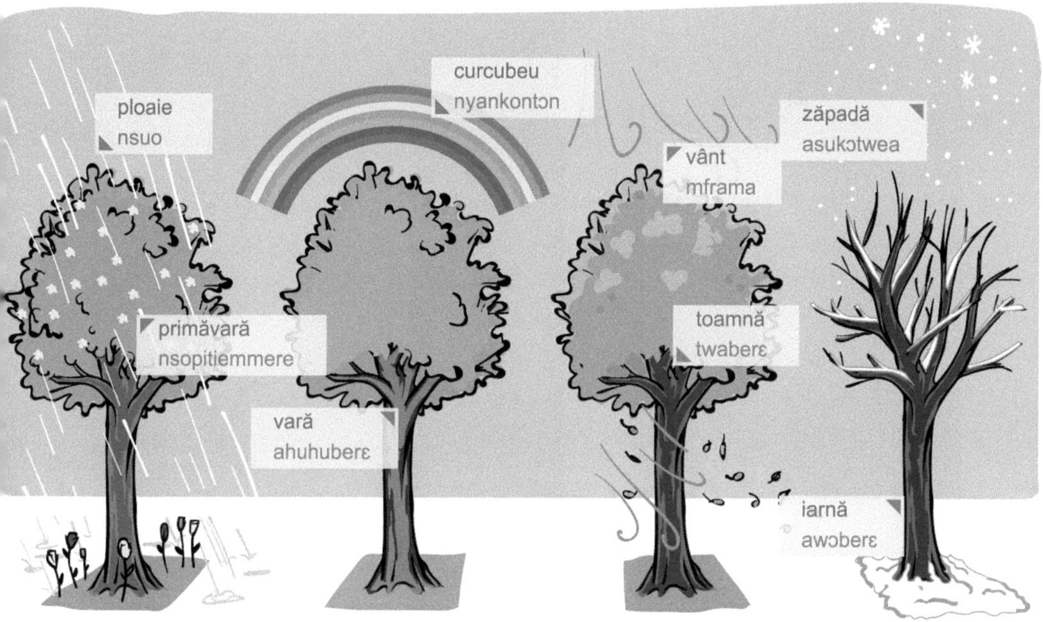

prognoză meteo

ewiemu nsesaeɛ

F C
120 90 60 30 0 -30
40 30 20 10 0 -10 -20

termometru

afidie a wɔde hwɛ ahoɔhyeɛ

lumina soarelui

awiabɔ

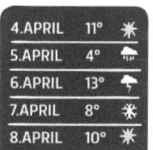

nor

munumkum

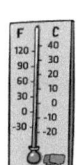

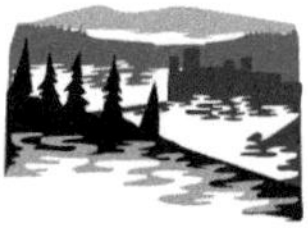

ceață

ɛbɔ

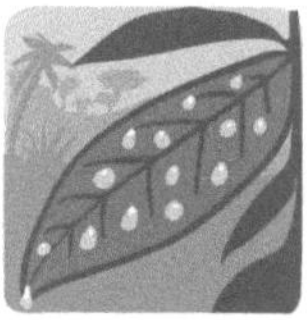

umiditate a aerului

nsuo a ɛwɔ mframa mu

fulger

ayerɛmo

tunet

agradaa

furtună

nsuden ne mframa

grindină

sukɔtwea

muson

mframa a ɛde nsuo ba

inundaţie

nsuyiri

gheaţă

asukɔtwea

ianuarie

Ɔpɛpɔn

februarie

Ɔgyefoɔ

martie

Ɔbɛnem

aprilie

Oforisuo

mai

Kotonimaa

iunie

Ayɛwohumumɔ

iulie

Kitawonsa

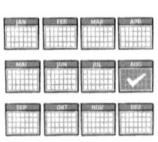

august

Ɔsanaa

septembre
....
ɛbɔ

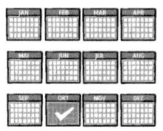

octombrie
....
Ahinime

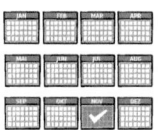

noiembrie
....
Obubuo

decembrie
....
⬜pɛnimaa

forme

bɔbea

cerc
....
kanko

pătrat
....
ahenanan

dreptunghi
....
fasene

triunghi
....
ahinasa

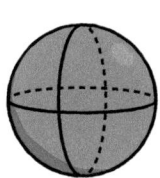

sferă
....
kanko

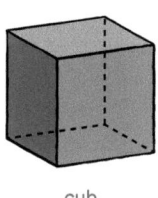

cub
....
ahenanan

alb

fitaa

galben

akokɔsradeɛ

portocaliu

akokɔsradeɛ

roz

memen

roşu

kɔkɔɔ

violet

beredum

albastru

bibire

verde

ahabanmono

maro

dodoeɛ

gri

nson

negru

tuntum

mult/puțin
....
bebree / ketewa

furios/calm
....
abufuo / brɛo

frumos/urât
....
fɛfɛɛfɛ / tantantan

început/sfârșit
....
ahyɛaseɛ / awieɛ

mare/mic
....
kɛseɛ / ketewa

luminos/întunecat
....
ɛhyerɛ / ɛdum

frate/soră
....
nua barima / nuabaa

curat/murdar
....
ɛho te / ɛfi

complet/incomplet
....
wawie / onwieeyɛ

zi/noapte
....
anopa / anadwo

mort/viu
....
wawu / ɔtease

lat/strâmt
....
emu bue/emu mmueɛ

comestibil/necomestibil

yetumi di / yentumi nni

rău/prietenos

bɔne / papa

emoționat/plictisit

anigyeɛ / w'ani nka

gras/slab

kɛseɛ / hwea

primul/ultimul

di kan / ka akyi

prieten/inamic

adanfo / atanfo

plin/gol

ayɛ ma / hwee nnimu

tare/moale

dendenden / mrɛmrɛmrɛ

greu/ușor

emu ye duru / emu yɛ ha

foame/sete

ɛkɔm / nsukɔm

bolnav/sănătos

yareɛ / ahuɔden

ilegal/legal

ɛnfa mmrakwanso / mmrakwanso

inteligent/stupid

nimdifo / gyimifo

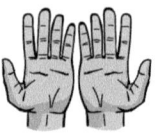

stânga/dreapta

benkum / nifa

aproape/departe

ɛbɛn / ɛmu ware

nou/uzat

foforo / dada

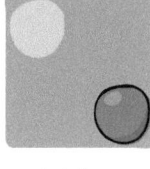

nimic/ceva

ɛnyɛ hwee / biribi

bătrân/tânăr

panyin / abɔfra

pornit/oprit

sɔ / dum

deschis/închis

bue / yatom

încet/tare

dinn / dede

bogat/sărac

sikani / ohiani

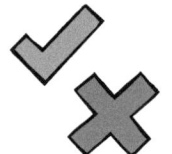

corect/fals

papa / bɔne

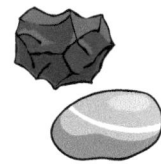

aspru/neted

wewerɛwewerɛ / tromtrom

trist/fericit

awerehoɔ / anigye

lung/scurt

tiatia / tentene

încet/repede

brɛoo / ntɛm

ud/uscat

afɔ / awo

cald/rece

ɛyɛ hye / adwo

război/pace

ntɔkwa / asomdwoe

0

zero

ohunu

1

unu

baako

2

doi

mmienu

3

trei

mmiensa

4

patru

nan

5

cinci

num

6

șase

nsia

7

șapte

nson

8

opt

nwɔtwe

9

nouă

nkron

10

zece

du

11

unsprezece

du-baako

12

douăsprezece

du-mmienu

13

treisprezece

du-mmiensa

14

paisprezece

du-nan

15

cincisprezece

du-num

16

șaisprezece

du-nsia

17

șaptesprezece

du-nson

18

optsprezece

du-nwɔtwe

19

nouăsprezece

du-nkron

20

douăzeci

aduonu

100

o sută

ɔha

1.000

o mie

apem

1.000.000

un milion

ɔpepe

engleză

Brofo kasa

engleză americană

Amerika Brɔfo

chineza mandarină

Chinese Mandarin

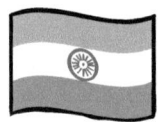

hindi

Hindi

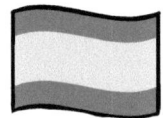

spaniolă

Spanish

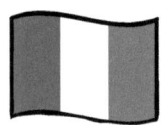

franceză

French

arabă

Arabic

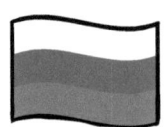

rusă

Russian

protugheză

Portuguese

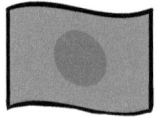

bengaleză

Bengali

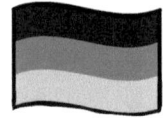

germană

German

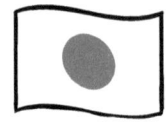

japoneză

Japanese

eu
me

tu
wo

el/ea
ɔno

noi
yɛn

voi
wo

ea
wɔn

cine?
hwan?

ce?
aden?

cum?
sɛn?

unde?
ɛhefa?

când?
dabɛn?

nume
din

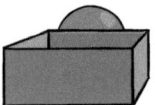

în spate

n'akyi

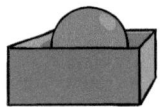

în

ɛmu

înainte

wɔ n'anim

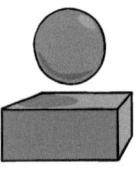

peste

soro

pe

so

sub

aseɛ

lângă

nkyene

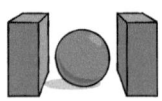

între

ntam

loc

fa hyɛ